아시아가
세계를 제패하는 시대는
다시 오는가?

출판은 사람과 나무 사이에서 이루어지는 가치 있는 일입니다.
도서출판 사람과나무사이는 의미 있고 울림 있는 책으로 독자의 삶을
좀 더 풍요롭게 만들기 위해 최선을 다하겠습니다.

GYAKUTEN NO SEKAISHI
by Toshiaki TAMAKI

First published in Japan by Nikkei Publishing Inc.
Korean translation rights arranged with Nikkei Publishing Inc.,
through Imprima Korea Agency.

일러두기

1. 『세계사의 중심축이 이동한다』를 새롭게 디자인하여 출간한 책입니다.
2. 인명과 지명 등의 고유명사는 국립국어원의 외래어 표기법을 따랐습니다.
   다만 중국의 지명, 인명 등의 고유명사 가운데 1911년 신해혁명을 기준으로 그 이전의 것은
   일률적으로 우리말 한자음으로 옮겼습니다.

인류 5천 년, 세계 패권의 역사

아시아가 세계를 제패하는 시대는 다시 오는가?

다마키 도시아키 지음

서수지 옮김

사람과
나무사이

"바다 건너 저 먼 나라들에게 존경과 복종을 가르치도록 하라……."

15세기 초 중국 명나라의 영락제와 선덕제는 환관 정화에게

대함대를 이끌고 인도, 페르시아, 아프리카 등지로 원정을 떠나도록 명했다.

BUSINESS
WILL RESIST
BOYCOTTING!
LLS CLOSED
NO UNION
WANTED
by ORDER
OARD of DIRECTORS
DICTATION
GENERAL
OCK - OUT
ordered
LABOR
CAPITAL
ARBITRATION
COMMON SENSE
MONOPOL
ORGANIZE
FOR PROTECTION
GRAND
LABOR MEETING
Down with CAPITAL
STRIKE
& BOYCOTT
TIE UP
ORDERED
RIGHTS
of
LABOR
J. KEPPLER

한눈에 살펴보는 세계 경제 패권의 역사

세 번의 글로벌리제이션을 경험한 인류

인류 역사는 700만 년에 달한다. 이 책은 그 모든 시대를 대상으로 삼으면서 특히 어느 한 주제에 초점을 맞추어 세계사를 바라보려 한다.

그래서 필자는 '글로벌리제이션(Globalization)'이라는 핵심어를 채택했다. 물론 이 단어는 듣는 이의 마음을 설레게 할 만큼 매력적이지 않을 수도 있다. 다만 이 책에서 말하는 글로벌리제이션의 의미는 독자 여러분이 지금까지 들어온 '세계화'와는 완전히 다르다는 사실을 염두에 두고 책을 읽어 나가기 바란다.

인류는 지금까지 세 번의 커다란 글로벌리제이션을 경험했다.

먼저 호모에렉투스가 유라시아 대륙으로 퍼져 나간 제1차 글로벌리제이션이 있었다. 이어서 호모사피엔스가 아프리카를 나와 세계 각지로 뻗어 나간 제2차 글로벌리제이션이 있었다. 그리고 대항해 시대에 유럽인이 세계 곳곳으로 원정을 떠난 제3차 글로벌리제이션이 있었다. 이러한 관점에서 보면 현대 사회는 제3차 글로벌리제이션의 일부를 형성하고 있다.

제2차 글로벌리제이션에서 인간은 세계 각지로 이주해 정착 생활을 시작했고 이른바 6대 문명을 탄생시키며 농경 생활을 시작했다. 따라서 문명의 탄생이란 곧 정착 생활을 하는 사람들의 등장을 의미하지만 그렇다고 이동하는 사람들이 사라져버린 것은 아니었다. 다시 말해 문명 탄생 이후의 인류 역사는 정착민과 이동하는 사람들의 상호 의존 관계라 규정할 수 있다. 비행기가 이동을 큰 폭으로 증가시킨 현대 사회에서는 '빈번하게 이동하는 정착민'이 엄청나게 늘어났다.

6대 문명 중에서 최초로 경제 성장에 성공한 문명은 황하 문명(黃河文明)이다. 황하 문명은 양자강 유역에서 일어난 문명을 포괄한 중국 문명으로 변모했고 대략 15세기 무렵까지 이 지역은 세계에서 가장 생활 수준이 높았다고 추정된다.

유럽은 오랜 기간 동안 패권을 장악하고 있던 중국 문명에 도전해 경제력 역전에 성공했다. 세계사의 중심축이 이동한 것이다. 제3차 글로벌리제이션으로 유럽이 세계사 무대에서 두각을 나타내기 시작했다.

유럽, 아시아를 제패하다

아시아에서는 다양한 종교를 믿는 상인들이 서로 다른 문화 사이에 교역을 발전시켜 인도양에서 동아시아에 이르기까지 느슨하게 통합된 상업 공간이 펼쳐졌다. 유럽인은 바스쿠 다가마의 인도 항로 개척 이후 아시아 상인이 주도하던 경로를 서서히 장악했다. 원래 유럽은 이슬람 세력에 둘러싸여 있어 다른 지역으로 가기 위해서는 바닷길에 의지하는 수밖에 없었다. 대서양 경제권을 형성한 유럽인은 아시아로 향했다.

유럽에서는 구텐베르크가 발명한 활판 인쇄술 덕분에 상업 관행이 통일되어 상업 신문, 상품 가격을 표기한 '가격표' 등을 합리적인 가격에 살 수 있게 되면서 상인의 시장 참여 문턱이 낮아졌다. 많은 상인이 시장에 뛰어들어 상업이 활발해지자 경제력이 상승했다. 가장 먼저 상업을 중심으로 부유해진 도시는 네덜란드의 암스테르담이었다.

중세 유럽에서는 동남아시아에서 수입한 향신료를 이탈리아 선박이 알렉산드리아에서 실어 유럽의 여러 지역으로 운반했다면, 아시아의 몇몇 지역을 식민지로 삼은 영국 등의 유럽 국가는 자국 선박을 이용해 아시아의 상품을 직접 들여왔다. 그리고 이때부터 유럽 상품을 아시아에 수출할 수 있게 되었다. 전 세계 바다에서 유럽 국적 선박, 특히 영국 선단을 볼 수 있게 된 것이다.

전 세계 물류 네트워크를 손아귀에 틀어쥔 영국은 면직물 공업으로 공업화(산업 혁명)를 이룩했고 세계 최초의 공업 국가가 되었다. 영국은 이렇게 생산된 면직물을 자기 나라의 배에 실어 전 세계로 수출했다. 영국은 세계 곳곳에 전신을 깔아 정보 획득 시간을 획기적으로 줄였고 런던에서 전신으로 국제 무역의 결제가 이루어지게 했다. 따라서 유럽 각국이 공업을 발전시켜 전 세계에 상품을 판매하면 할수록 수송료, 무역 수수료가 영국으로 흘러들어 영국은 나날이 살림살이가 넉넉해졌다.

그러나 20세기에 들어서며 영국이 만든 이 시스템은 붕괴되었고 제2차 세계 대전 이후에는 미국이 패권 국가의 자리를 넘겨받았다. 또 한편에서는 사회주의 국가가 세계사 무대에 등장했다. 미국의 지배력은 1970년대 초에 바닥으로 떨어졌고 일본과 중국이 떠오르는 샛별이 되는 듯했다. 다시 아시아가 세계 경제를 지배하는 시대로 돌입하려는 것처럼 보였으나 현실을 보면 아직은 그러한 해석이 섣부르다고 생각된다.

처음부터 끝까지 이 책은 경제사를 중심으로 오랜 기간에 걸친 세계의 변모를 최대한 압축 정리해서 보여준다. 공업보다 오히려 사람들의 움직임, 네트워크, 물류, 경제 성장을 촉진하는 국가의 힘을 중시했다.

이 책에서는 세계 역사학계의 학설을 필자가 이해하는 범위에서 최대한 다양하고 촘촘하게 엮어 넣고자 노력했다. 독자에게 현재 역사학계에서 뜨거운 주제가 무엇인지 알리고 싶었다. 동시에 세계 역사를 이해하는 과정이 지적 호기심을 충족시켜 짜릿한 즐거움을 주는 경험임을 몸소 느낄 수 있기를 바랐다. 이 책에는 독자의 '역사 상식'을 완전히 뒤집어엎고 싶다는 필자의 개인적인 소망이 담겨 있다. 이러한 시도가 성공할지는 오로지 독자 여러분의 판단에 달려 있다.

다마키 도시아키

차례

PART 02

유럽은 어떻게 세계를 제패했나

PART 03

아시아, 오랜 잠에서 깨어나다

PART

01

인류 역사에서 '아시아 우위 시대'가 길게 이어진 이유

Nova Totius
TERRARUM
ORBIS
TABULA,
ex officina F. de Wit.
GROENLANDIA
YSLANDIA
MARE ARABICUM
INDICUM
MADAGASCAR
S. LAURENTII
MAR DI
INDIA
HOLLANDIA
NOVA
PER
SIA
MARE DE SALA
AETHIOPICUS
BORNEO

현재 발굴된 화석과 유전자 연구로 추측한 결과에 따르면 최초의 인류는 지금으로부터 700만 년 전에 탄생했다. 오늘날 우리 기준에서 보면 까마득한 옛날 일로 여겨진다. 그러나 45억 년이라는 지구 역사에서 바라보면 인류는 엊그제 태어난 갓난아기나 다름없다.

그런데 이 머리에 피도 마르지 않은 핏덩이가 700만 년 사이에 세계 대부분 지역에 터전을 잡고 살게 되었다. 좀 더 정확하게 말하면 호모사피엔스라는 인류가 아프리카를 나와 세계 곳곳으로 퍼져 나갈 때까지 겨우 몇만 년의 세월밖에 필요하지 않았다.

사람들은 정착 생활로 문명을 일구어냈다. 세계 각지에서 여섯 개의 문명이 탄생했다. 이 문명이 각지로 전파되며 인류의 지적 수준이 향상되었다. 한편 정착 생활 그 자체는 좀처럼 인류의 생활 수준을 끌어올리지 못했을 뿐 아니라 오히려 생활 수준을 떨어뜨렸다. 그러나 정착하고 농경을 시작하며 더 많은 인구를 부양할 수 있게 되었다. 정착 생활이 세계 최대 문제로 일컬어지는 인구 과잉 문제를 싹트게 한 것이다.

여섯 개 문명권 중에서 최초로 경제를 발전시킨 지역은 중국이었다. 다른 지역과 달리 중국에는 중앙 집권적 통일 왕조가 이어졌고 국가가 적극적으로 경제 정책에 관여해 단일 시장이 형성되었다. 중국에서는 분명 여러 왕조가 생겨났다 스러졌다. 그러나 왕조 교체는 중국 경제 성장에 걸림돌이 되지 못했다. 중국에서는 화북(華北)과 화남(華南)이, 황하 문명과 양자강 문명이 융합되었다. 그래서 크게 보면 유럽보다 아시아가 빠르게 경제를 성장시킬 수 있었다. 아시아 우위 시대는 (지구 역사가 아닌 인류 역사 관점에서 바라보면) 상당히 길게 이어졌다.

1

인류의 탄생

인류 탄생 과정

우리 인류와 침팬지의 유전자가 2퍼센트밖에 다르지 않다는 사실은 잘 알려져 있다. 인류와 침팬지는 공통 조상에서 약 700만 년 전에 갈라져 나와 진화를 거쳐 완전히 다른 생물이 되었다.

현재 최초의 인류는 아프리카 중북부에서 발견된 사헬란트로푸스 차덴시스로 700만~600만 년 전에 살았다고 추정된다. 그러나 앞으로 새로운 화석이 발견되면 최초의 인류가 달라질 가능성이 남아 있다. 유전자 연구로 더 오래된 인류의 존재가 이론적으로 증명될 수도 있지만 화석이 발견되지 않는 한 어디까지나 가설에 머물 수밖에 없다.

사헬란트로푸스 차덴시스의 두개골

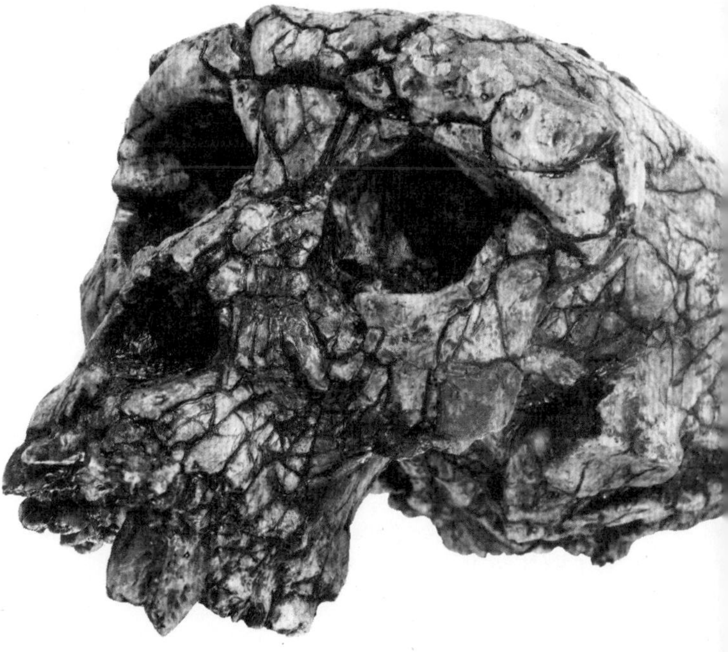

어쨌든 '인류'로 분류할 수 있는 종은 약 700만 년 전에 탄생해 다른 생물과는 확연히 이질적인 진화 형태를 거쳤다는 부분만은 거의 확실하다. 어떤 생물이나 진화한다. 그러나 인류 진화의 속도는 다른 생물과 비교해 유독 빨랐다. 사헬란트로푸스 차덴시스에서 호모사피엔스까지 불과 700만 년밖에 걸리지 않았다. 그 '단기간'에 오스트랄로피테쿠스 → 피테칸트로푸스에렉투스 → 네안데르탈인 → 크로마뇽인으로 진화했다.

진화 과정에서 사람의 뇌 용량은 비약적으로 증가했다. 사헬란트로푸스 차덴시스의 뇌 용량은 350~380시시로 침팬지와 별반 다르지 않다. 그러나 현생 인류인 호모사피엔스는 1500시시로 네 배 가까이 증가했다. 전두엽이 진화해 생각하는 능력이 발전했을 것이라고 추측되지만 뇌는 화석이 남지 않아 어디까지나 추측의 범위를 벗어나지 못한 가설이다.

최근까지 지구에는 여러 인류가 살았다. 예를 들어 네안데르탈인이 비교적 가까운 지역에서 공존하며 크로마뇽인과 교배했다는 사실이 밝혀졌다. 그러나 오늘날 인류는 호모사피엔스 이외에는 존재하지 않는다. 우리 호모사피엔스는 매우 고독한 인류다.

그리고 인류는 직립 이족 보행에 성공했다. 덕분에 양손을 자유

네안데르탈인과 크로마뇽인

뇌 용적은 큰 차이가 없고 네안데르탈인에게서 두드러졌던 안와상융기(眼窩上隆起, 눈썹뼈 돌출)가 크로마뇽인에게서는 눈에 띄지 않게 되었다.

그림1-1 **인류 계통도**

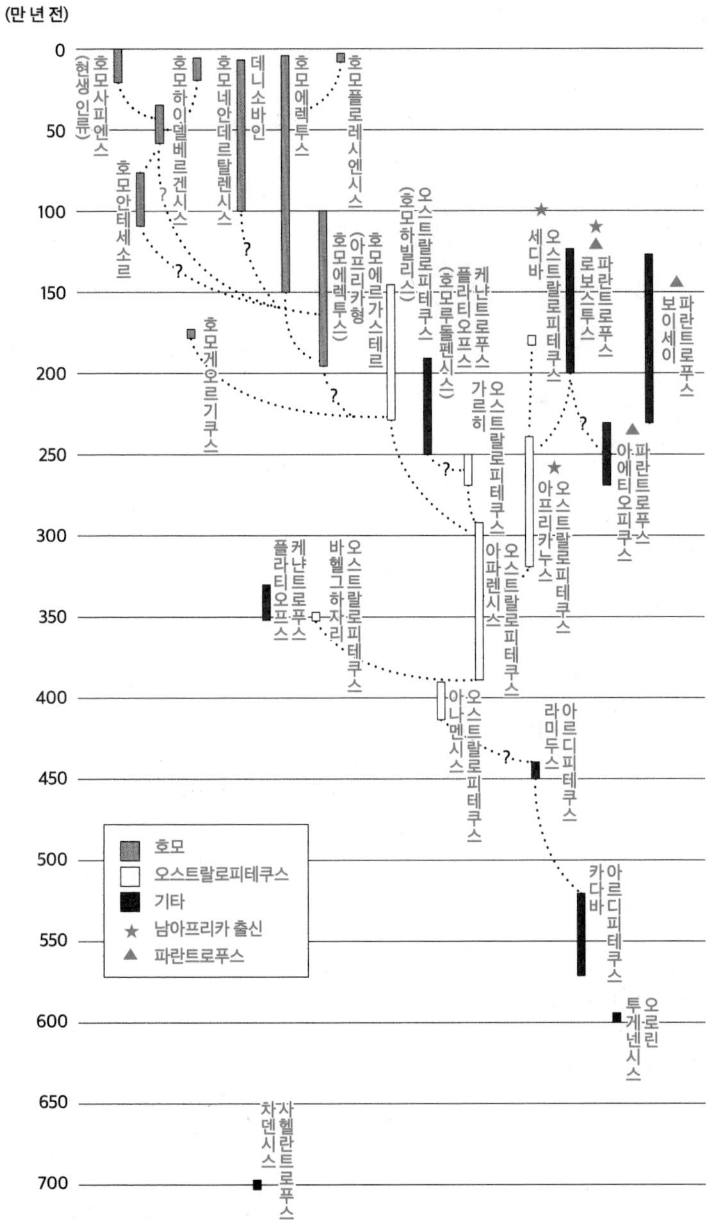
(만 년 전)
0
50
100
150
200
250
300
350
400
450
500
550
600
650
700
호모사피엔스 (현생 인류)
호모하이델베르겐시스
호모네안데르탈렌시스
데니소바인
호모에렉투스
호모플로레시엔시스
호모안테세소르
호모에르가스테르 (아프리카형 호모에렉투스)
오스트랄로피테쿠스 (호모하빌리스)
호모게오르기쿠스
케냔트로푸스 플라티오프스 (호모루돌펜시스)
오스트랄로피테쿠스 세디바
파란트로푸스 로보스투스
파란트로푸스 보이세이
오스트랄로피테쿠스 가르히
파란트로푸스 아에티오피쿠스
오스트랄로피테쿠스 아프리카누스
오스트랄로피테쿠스 아파렌시스
오스트랄로피테쿠스 바헬그하자리
케냔트로푸스 플라티오프스
오스트랄로피테쿠스 아나멘시스
아르디피테쿠스 라미두스
아르디피테쿠스 카다바
오로린 투게넨시스
사헬란트로푸스 차덴시스
호모
오스트랄로피테쿠스
기타
남아프리카 출신
파란트로푸스

롭게 쓸 수 있게 되었고 유인원보다 정교하게 손을 사용해 도구를 이용할 기회도 늘어났다. 예전보다 정밀하게 생각할 수 있게 된 두뇌로 양손을 이용해 부싯돌을 들고 불을 피웠고 무기를 만들어 동물을 사냥하는 수준에 이르렀다. 이를 두고 역사가 요한 하위징아는 인류가 '도구를 만드는 인간(호모파베르Homo Faber)'으로 활약하게 되었다고 했다.

이어서 인류는 언어를 사용해 의사소통 수단을 크게 발전시켰다. 처음 발화로 의사소통에 성공한 시기는 정확하게 알 수 없으며 대략 수만 년 전으로 추정한다. 인간은 언어를 사용해 의식 전달 방법을 눈부시게 증가시켰다.

다른 동물과 곤충은 특정한 정보밖에 전달하지 못한다. 예컨대 꿀벌은 꿀이 어디에 있는지 선회 방법이나 시간으로 동료에게 전달한다. 꿀벌의 춤은 꿀이 있는 장소를 전달할 뿐이기에 동료는 각 움직임의 의도를 미리 알아둘 필요가 있다. 발화로 무한대의 내용을 동료에게 전달할 수 있는 인간의 언어는 확연히 다른 수준으로, 인류는 동물과 완전히 차별화된 진화의 길을 걸었다. 전두엽의 발달로 새로운 생각을 사람과 사람 사이에 전달할 수 있게 되면서 인류의 생활은 크게 변화했다.

그러나 안타깝게도 인류가 어떤 이유로 언제 발화를 시작했는

요한 하위징아(Johan Huizinga, 1872~1945)
네덜란드의 역사가. 저서 『중세의 가을』이 유명하다.

지 지금으로서는 알 길이 없다. 남겨진 화석으로 언어를 구사할 수 있는 후두 구조를 짐작할 수는 있어도 중요한 뇌의 구조 변화를 알아낼 방법이 없기 때문이다.

출아프리카

인류가 아프리카에서 진화했다는 주장이 현재는 정설로 여겨지고 있다. 인류는 아프리카에서 출발해 세계 각지로 진출했다. 이 책에서는 이를 성서의 '출애굽'에서 따온 '출아프리카'라는 용어로 설명하고자 한다.

호모에렉투스는 아프리카의 기후가 한랭해지자 아프리카를 벗어나기 시작해 유라시아 대륙의 몇몇 지역으로 이주했다고 추정된다(그림 1-2 참조). 이를 인류 최초의 글로벌리제이션이라고 볼 수 있다. 다만 이 시기의 글로벌리제이션은 세계 각지에서 인류 진

미토콘드리아와 화석

예전에는 인류의 선조를 알려면 오래된 지층에서 화석을 발견하는 수밖에 없었다. 그러나 현재는 어머니에게서만 물려받는 미토콘드리아 DNA를 분석해 이론적으로 탐색할 수 있게 되었다. 미토콘드리아 DNA 변이의 대부분은 후손에게 축적된다. 그래서 다른 미토콘드리아 DNA가 언제 어디서 갈라져 나왔는지를 알면 아직 화석이 발견되지 않은 인류가 있다는 학설도 성립한다. 그러나 화석이 발견되지 않는 한 이 주장은 가설에 머물 수밖에 없다.

호모에렉투스

대략 150만~7만 년 전에 살았던 화석 인류.

그림1-2 **호모에렉투스의 출아프리카**

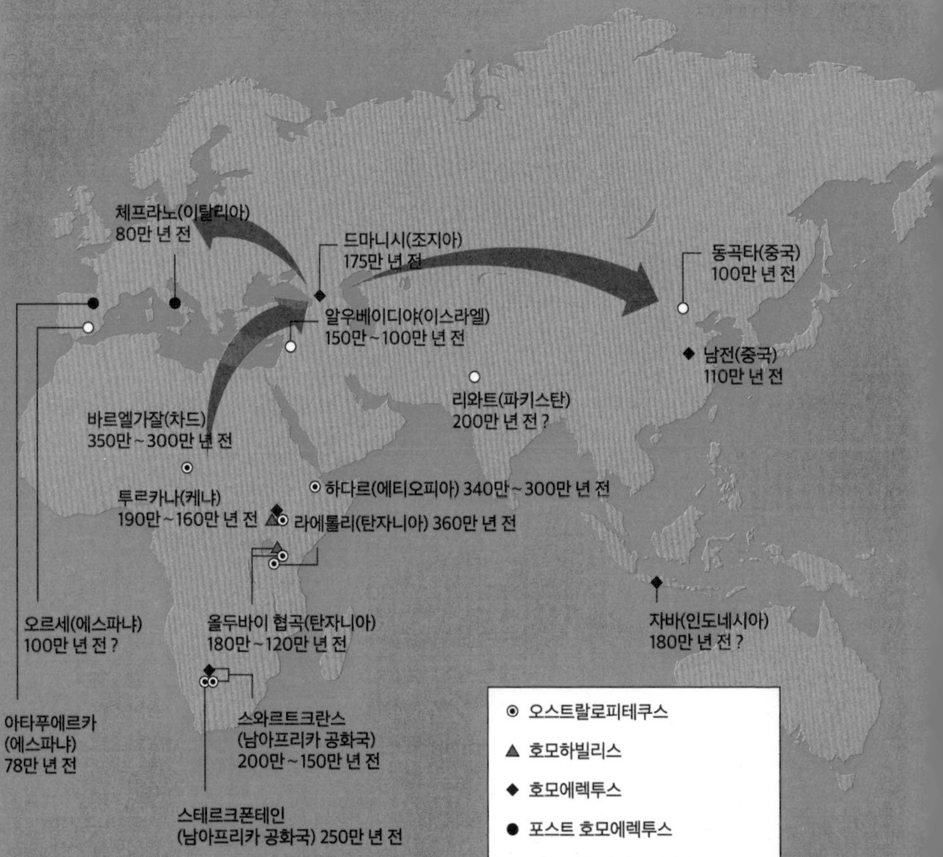

화로 발전하지도 않았고 후대에 영향을 미치지도 못했다. 유라시아 각지로 이주한 호모에렉투스는 서서히 멸종했으므로 현생 인류가 호모에렉투스에서 직접 탄생했다고는 볼 수 없다.

현생 인류인 호모사피엔스는 두 번에 걸쳐 출아프리카를 단행했다. 첫 번째는 15만~10만 년 전이고, 두 번째는 7만~5만 년 전이다. 이들의 이동 경로는 그림 1-3을 보면 알 수 있다. 이 출아프리카로 인류는 말 그대로 세계 곳곳으로 퍼져 나갔다. 바로 인류의 두 번째 글로벌리제이션이다. 호모사피엔스가 주도한 글로벌리제이션이야말로 인류 역사에 어마어마한 영향을 미쳤다.

확산 과정에서 제각각 흩어져 살던 환경에 나름대로 적응한 인류는 크게 흑인·백인·황인종으로 분리되었다. 그러나 이러한 분리는 인류의 유전자에 별다른 차이가 없다는 사실로 미루어 '인종' 개념을 부정하는 연구자도 많다. 분자 인류학 연구자에 따르면 '인종은 사회적인 개념으로 생물학적 실체는 없다'고 한다.

그러나 우리는 설령 그 주장이 유전학적으로 사실이더라도 세 인종으로 나누는 기존의 사고방식을 쉽사리 버리지 못한다. 현실적으로 겉모습이 워낙 딴판이라 사회적으로 세 인종으로 나누는 사고방식이 오히려 당연하게 느껴진다. 문제는 인종의 차이가 사회적 차별로 이어지는 데서 생긴다.

현생 인류인 호모사피엔스의 유전적 차이는 인종 간의 엄청난 외모 차이만 보고는 도저히 믿어지지 않을 정도로 미미하다. 일설에 따르면, 만 몇천 년에 걸쳐 호모사피엔스의 수가 급감한 시기가

그림 1-3 **호모사피엔스의 출아프리카**

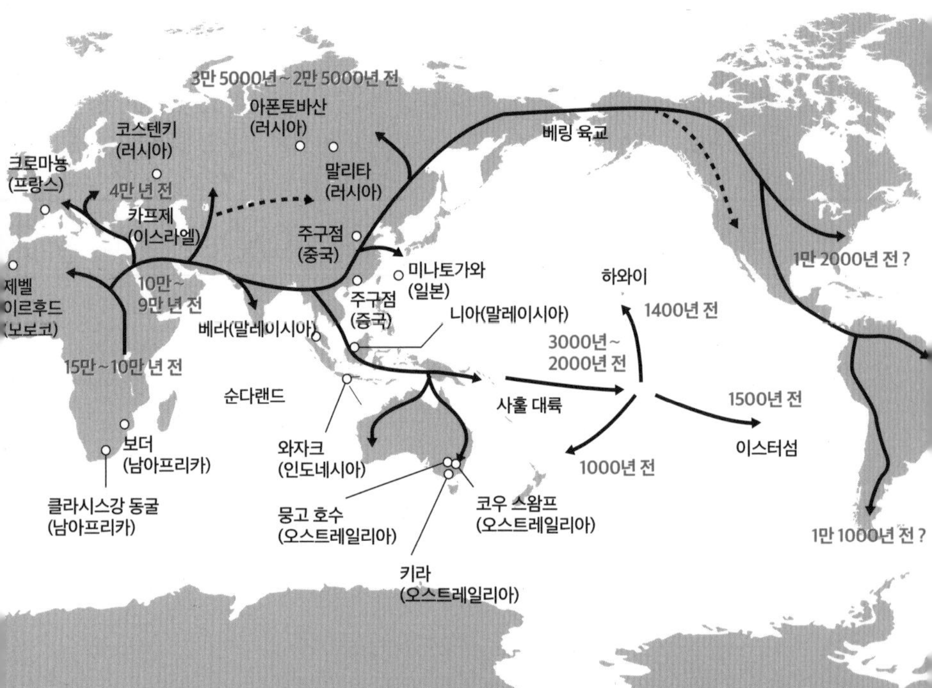

있었다고 한다. 인류 유전자의 차이가 거의 없는 이유를 이 인구 급감 때문이라고 추정한다.

인류의 인구는 출아프리카를 거쳐 현재 76억 명을 넘어섰다. 게다가 앞으로도 상당 기간 증가 추세가 이어질 전망이다. 생물의 역사에서 예나 지금이나 이 정도로 급격하게 개체 수가 늘어난 종은 없다.

인류는 지구 곳곳에서 생활하고 있다. 사막이든 시베리아든 인류의 모습이 보이지 않는 곳은 없다. 지금은 남극에까지 인류가 진출했다. 통상적으로 생물이 사는 기후 지대는 정해져 있다. 먼 옛날 공룡은 오늘날 기준으로는 열대보다 아열대 기후에 가까운 지역에서만 살 수 있었다. 그게 생물의 한계다. 그러나 인류는 각각의 기후에 적응해 그 한계를 극복하고 전 세계로 퍼져 나갈 수 있었다.

원래 같은 땅에 살며 매우 유사한 유전자를 지닌 인류는 자신을 낳아준 요람 아프리카를 잊고 살았다. 겉모습이 딴판이라는 이유로 완전히 다른 인종에 속하지 않는데도 문명 수준에 차이가 난다는 사고방식마저 생겨났다. 그러나 우리는 오늘날 그러한 착각을 깨닫기 시작하고 있다.

인류는 7만~5만 년 전 아프리카에서 나와 전 세계로 퍼져 나갔다. 다양한 기후를 견뎌낼 수 있었던 건 유전적 차이가 미미함에도, 갖가지 재해를 겪고도, 인류는 하나의 종으로 끈질기게 살아남을 수 있었다는 사실을 의미한다.

유럽인의 '재발견'

15세기, 이른바 대항해 시대 이후 유럽인은 다양한 '미지'의 사람들을 만났다고 믿었다. 그러나 이는 어디까지나 유럽인의 일방적인 믿음일 뿐 정확한 표현은 아니다. 유럽인은 그들의 옛 동료를 '재발견'했을 따름이다.

대항해 시대부터 시작된 제3차 글로벌리제이션은 아프리카를 벗어나 세계 각지로 흩어진 인류를 유럽인이 '재발견'했다는 의미로 받아들여야 한다. 따라서 제2차, 제3차 글로벌리제이션은 밀접하게 연관되어 있다.

우리가 '대항해 시대'라고 칭하는 때를 유럽에서는 '위대한 발견의 시대'라고 한다. 유럽인이 그때까지 몰랐던 세계를 알아냈다는 의미에서 '발견'이지만 사실 유럽인은 아프리카 밖으로 나와 흩어진 호모사피엔스라는 동포를 '재발견'한 것이다. 유럽인은 과거 아프리카의 작은 지역에서 멸종 위기에 내몰렸던 동포가 세계 각지에 흩어져 산다는 사실을 알게 되었다. 그리고 호모사피엔스의 거주지는 세계 곳곳에 분포한다는 사실을 증명했다.

그러나 유럽인은 자신들의 동포를 '재발견'했다고 생각하고 싶

대항해 시대

유럽에서는 '위대한 발견의 시대'라 부른다. 유럽인이 지리적으로 새로운 발견을 이룬 15~17세기에 해당하는 시대를 가리킨다.

지 않았다. 유럽인은 '재발견'한 동포를 동료로 간주하지 않았다. 그러한 사고방식이 오늘날까지 이어져 커다란 비극을 자아내고 있다.

처음 두 번의 글로벌리제이션은 주로 육로로 이루어졌고 세 번째 글로벌리제이션은 인류가 해로로 이동하며 발생했다. 제3차 글로벌리제이션을 주도한 유럽인의 세계 '재발견'은 가난한 유럽인이 부유해지기 위해 세계 무대로 진출할 수밖에 없었던 데서 생긴 현상이다. 세계 역사를 장기적인 관점에서 바라보았을 때 비로소 얻게 되는 깨달음이다.

유럽과 대비되는 지역은 아시아다. 아시아라고 뭉뚱그려 말했지만 아시아는 매우 넓다. 이 책에서는 보다 정확하게 중국을 중심으로 한 지역을 가리킨다. 유럽은 아프리카와 가까워 호모사피엔스가 아프리카에서 나왔을 때 처음으로 향한 지역이었다. 따라서 유럽에 정착한 인류는 유럽이 생태학적으로 결코 풍요롭지 못한 지역임을 알아차리지 못했을 수도 있다.

오랜 여정을 거쳐 인류는 여러 지역에 보금자리를 마련했다. 그 중 몇몇 지역에서 문명이 탄생했다.

2

문명의 전파

6대 문명

세계사 교과서에서는 흔히 '4대 문명'이라는 용어를 사용하며 이집트, 메소포타미아, 인더스, 황하 문명을 말한다. 여기에 양자강 문명, 아메리카 대륙의 고대 문명인 메소아메리카 문명을 더해 6대 문명이라 부르기도 한다. 이 책에서는 6대 문명을 대상으로 삼았다.

지금까지 문명은 큰 강 유역에서 생겨난다는 사고방식이 주류를 이루었다. 그런데 도서 지역을 포함한 해양 문명이 존재했을 가능성이 제기되었다. 문명이란 '문명'을 정의하는 방식에 따라 달라진다.

6대 문명은 정착민이 일구어낸 문명이다. 우리는 문명이란 정착민의 손으로만 형성되었다고 생각하는데 알고보면 이동한 사람들이 주도해 문명이 탄생한 지역도 있다. 정착과 이동은 절대 상반된 개념이 아니다.

6대 문명이 발전하는 동안에도 출아프리카 행렬은 이어졌다. 일반적으로 출아프리카 현상은 인류가 남미 대륙 남단에 도달하면서 끝났다고 생각하는 경향이 있으나 태평양의 섬처럼 아직 인류의 발길이 닿지 않은 지역도 남아 있었다. 정착하는 사람들이 문명을 형성하는 한편 출아프리카 현상이 계속되었고 끊임없이 이동하는 사람들도 있었다. 그러므로 문명의 전파는 출아프리카와 동시에 진행되었다.

메소포타미아 문명

6대 문명 중 최초로 출현한 문명은 메소포타미아 문명이다. 티그리스강과 유프라테스강에 둘러싸인 이 지역은 충적 평야다. 눈이 녹으며 정기적으로 홍수가 일어나 강이 범람했다. 사람들은 그때마다 하천을 정비했고 농사를 지어 풍요로운 수확을 얻었다. 이 지역은 아마 세계 최초로 농업이 이루어진 지역일 것이다. 메소포타미아 문명은 서기전 3500년 무렵에 시작되었다.

메소포타미아에서는 도시 국가가 탄생했으며 우르, 우루크, 라가시 등의 도시 국가가 널리 알려져 있다. 또 지구라트라는 종교적으로 성스럽게 여기던 계단식 건축물도 건설했다.

곡물 생산성은 놀라울 정도로 높아 보리 한 톨을 뿌리면 그 수십 배의 보리를 거두어들일 수 있었다. 보리보다 생산성이 훨씬 높은 쌀의 경우 일본 에도 시대의 수확량이 파종 양의 30~40배였다는 예를 통해 당시 메소포타미아 지역의 농업 생산성이 얼마나 높았는지 어느 정도 가늠할 수 있다. 반면 유럽의 파종 양과 수확량 비율은 중세 초기(5~10세기)에는 두 배 전후였고 중세 전성기(11~13세기)에는 네 배 전후에 지나지 않았다. 쉽게 말해 유럽은 먹

그림 2-1 **메소포타미아 문명**

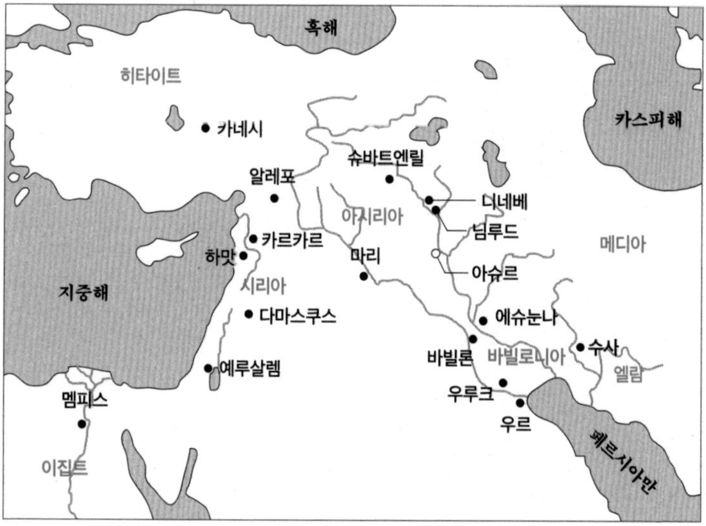

고 살기 힘든 지역이었다.

꾸준히 높은 생산성을 유지하려면 끊임없는 관개가 필요했다. 거대한 권력을 가진 사람들이 등장해 관개 시설을 개발할 수 있게 되면서 메소포타미아에서는 다양한 도시 국가 지배자의 권력이 막강해졌다. 그러나 배수 시스템이 충분하지 않은 관개 시설은 토양에서 염분을 머금은 물이 증발하며 지표 부근에 염분이 축적된다. 지표의 염분 농도가 상승하면 작물이 잘 자라지 않고 사막화가 진행된다. 메소포타미아는 이 과정을 전형적으로 보여주는 문명이다.

이집트 문명

고대 그리스 역사가 헤로도토스가 '이집트는 나일강의 선물'이라고 말했듯이, 나일강이 정기적으로 범람해 계획적으로 보리농사를 지을 수 있게 해준 덕분에 문명이 탄생할 수 있었다.

고대 이집트 왕조는 서기전 3000년 무렵에 시작되어 서기전 30년에 프톨레마이오스 왕조가 고대 로마군에 무너질 때까지 이어졌다. 고대 이집트는 크게 고왕국(서기전 2686년경~서기전 2181년경), 중

헤로도토스(Herodotos, 서기전 485?~서기전 420?)

고대 그리스 역사가. 페르시아 전쟁을 그린 저서 『역사』로 유명하다.

왕국(서기전 2133년경~서기전 18세기경), 신왕국(서기전 1567년경~서기전 1085년경), 그리고 그 이후로 나눌 수 있다.

고대 이집트에서는 태양신 라를 수호신으로 모시는 다신교를 신봉했다. 우리가 아는 웅장한 피라미드는 고왕국 시대에만 건설되었다. 피라미드는 왕의 분묘로 여겨지지만 그 이외 어떤 의미가 있는지 아직 밝혀지지 않은 부분이 많다.

고대 이집트에서는 강력한 왕권 아래 중앙 집권화가 이루어졌고 이에 대한 반발도 거셌다. 신왕국에서 아멘호테프 4세(서기전 1379년경~서기전 1362년경 재위)가 유일신 아톤 신앙을 강요하며 수도를 테베에서 텔엘아마르나로 천도했는데, 테베의 수호신 아몬을 숭배하는 신관 집단(=관료)의 힘을 꺾기 위해서였다.

신왕국 시대가 끝나자 이집트의 힘은 크게 쇠퇴했다. 서기전 663년에는 메소포타미아 북부에 자리 잡은 아시리아 제국의 아슈르바니팔 왕(서기전 668~서기전 627년 재위)의 공격을 받아 수도 테베가 함락되었다.

아시리아의 등장으로 오리엔트 전역이 통일되었다. 말하자면 메소포타미아 문명과 이집트 문명이 융합된 셈이다.

아시리아인은 상인으로 활약하며 카네시(퀼테페)를 근거지로 삼

아시리아 제국

메소포타미아 북부에서 일어나 서기전 663년에 오리엔트 전역을 지배했으나 서기전 612년에 멸망했다.

아 아나톨리아반도에서 교역 활동을 벌였다. 아나톨리아반도 남부에서 양모를 사들여 북부의 동과 교환해 매각하고, 그 동을 서부에서 다시 양모로 바꾸어 마지막에 더 많은 동으로 교환하는 형태의 무역에 종사했다. 그러나 서기전 612년, 아시리아 제국은 신바

그림 2-2 **고대 이집트**

그림 2-3 아시리아 제국의 영토

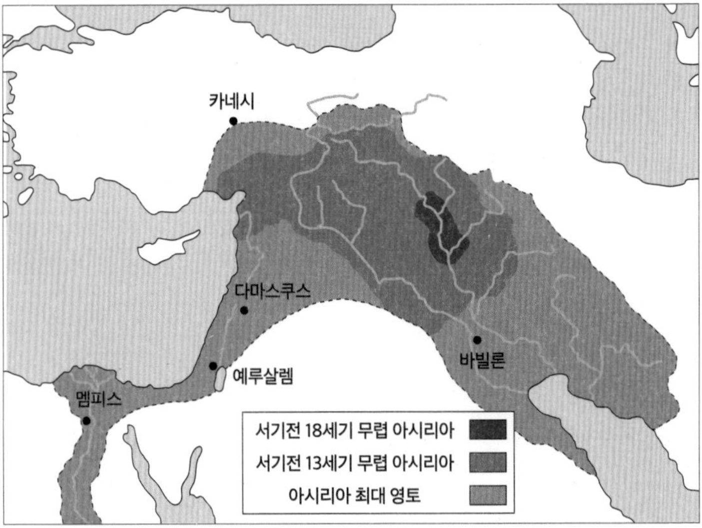

빌로니아와 메디아 왕국에 멸망한다.

인더스 문명

인더스 문명은 인더스강 중·하류 유역에서 발생한 문명이다. 메소포타미아 문명이나 이집트 문명보다 늦은 서기전 2600년경에 성립했다. 또 메소포타미아와의 교역이 활발하게 이루어졌다는 사실이 밝혀졌다.

메소포타미아 문명, 이집트 문명과 달리 대규모 궁전이나 분묘는 존재하지 않으며 인더스강 중류 지역의 하라파와 하류 지역의 모헨조다로가 유명한 유적이다.

인더스강 서안(오늘날 파키스탄 남서부)의 발루치스탄 구릉 지대에는 서기전 7000년경부터 농경 문화가 존재했음이 최근에 밝혀졌다. 이 지역에서는 보리와 밀을 재배했고 가축으로는 소와 양, 염소를 길렀다.

인더스강 중류의 비옥한 평야에 대규모 촌락이 자리 잡았다. 그중 하나가 하라파라는 도시로 발전하며 인더스 문명이 형성되었다. 발루치스탄 구릉 지대의 농경 문화와 인더스 문명의 연속성을 보여주는 유적과 유물 중에서는 특히 소 숭배가 눈에 띈다.

인더스 문명은 서기전 1800년 무렵부터 쇠퇴기에 들어섰다. 이유는 아직 확실하게 밝혀지지 않았지만 지각 변동과 대홍수, 염해 같은 자연적 요인에 엎친 데 덮친 격으로 삼림 벌채, 교역 쇠퇴 등의 인공적 요인이 더해진 것으로 추정된다.

과거 인더스 문명의 파괴자로 여겨졌던 인도·아리아인이 카이바르 고개를 넘어 인도로 침입해 온 사건은 이 이후에 일어났다.

인더스 문명과 메소포타미아 문명 사이에는 교역이 이루어졌

인도·아리아인

수렵과 목축으로 생활을 꾸리며 인도·유럽 어족의 인도·아리아어파에 속하는 사람들.

그림 2-4 **인더스 문명**

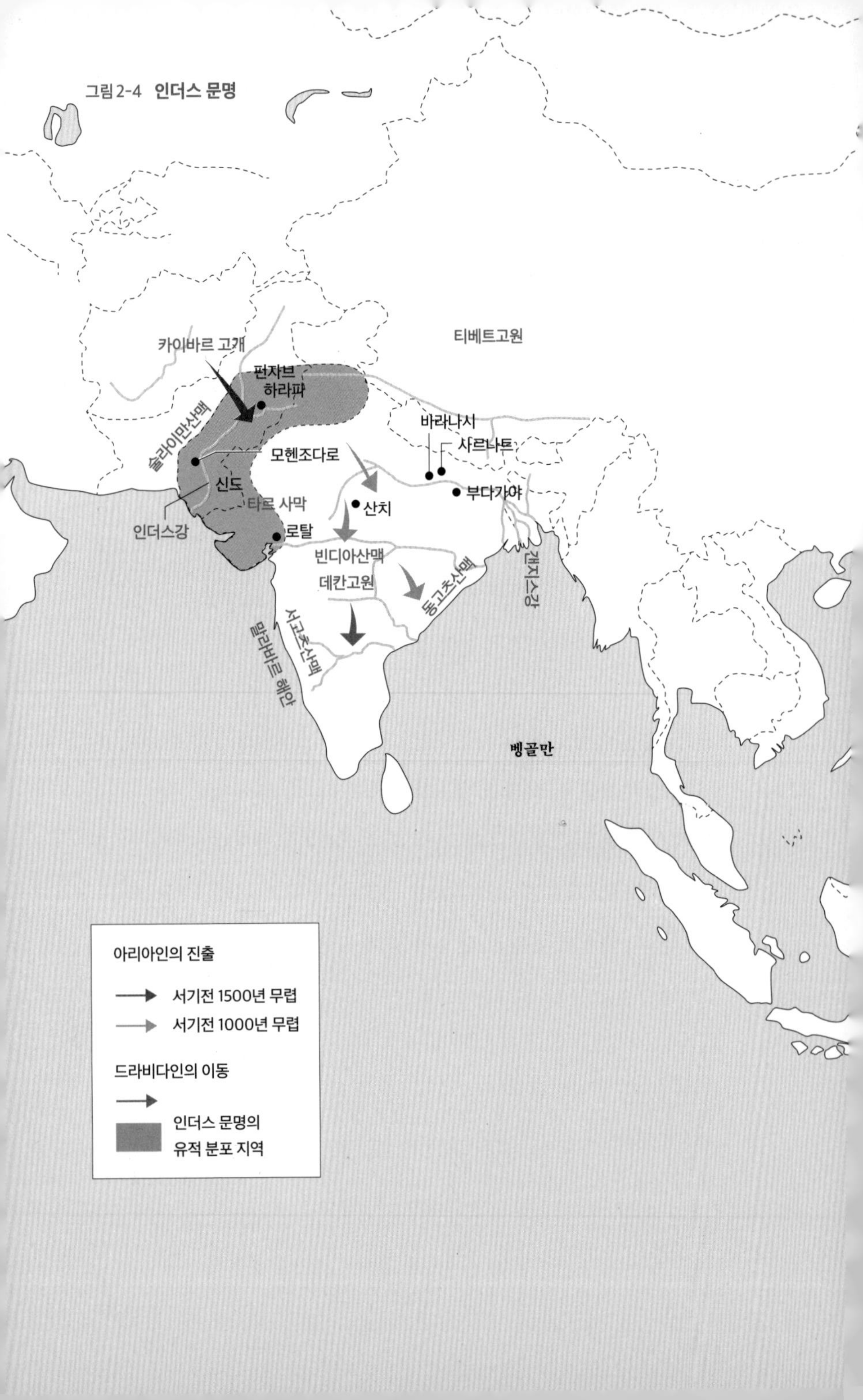
티베트고원
카이바르 고개
펀자브
하라파
술라이만산맥
모헨조다로
신도
인더스강
타르 사막
로탈
산치
바라나시
사르나트
부다가야
빈디아산맥
데칸고원
동고츠산맥
서고츠산맥
말라바르 해안
갠지스강
벵골만
아리아인의 진출
서기전 1500년 무렵
서기전 1000년 무렵
드라비다인의 이동
인더스 문명의
유적 분포 지역

그림 2-5 **서기전 4000~서기전 3000년의 교역로 상정도**

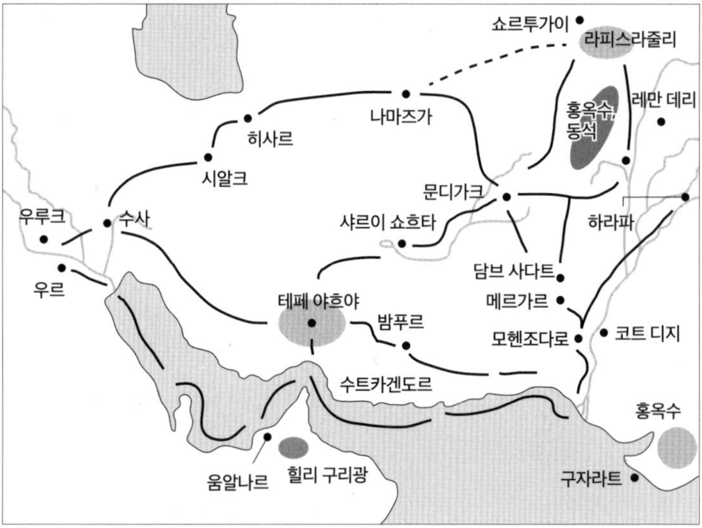

다. 메소포타미아 문명과 이집트 문명이 일체화되며 오리엔트 문명이 탄생했고 오리엔트 문명과 인더스 문명은 하나의 교역권으로 이어졌다. 그 교역로를 따라 알렉산더 대왕(서기전 336~서기전 323년 재위)의 동방 원정이 있었을 것이라고 역사가들은 추정한다. 메소포타미아 문명의 탄생부터 알렉산더 대왕의 동방 원정까지를 하나의 역사로 파악할 수 있다. 알렉산더 대왕 이전에 오리엔트와 인도는 느슨한 통합이었다고는 하더라도 하나의 경제권을 구성했다. 알렉산더 대왕은 거기에 헬레니즘이라는 문화적 의미를 더했다.

중국 문명

중국의 황하 유역에서 문명이 발전했다는 사실은 널리 알려져 있다. 황하 문명 역시 황하가 범람하며 비옥한 토양을 날라다 준 덕분에 형성되었다. 가장 오래된 문화는 현재 하남성(河南省) 배리강(裴李崗) 문화(서기전 7000~서기전 5000년)로 이 지역에서는 조를 경작하고 돼지를 사육했다고 한다.

노관태(老官台) 문화(서기전 6000년경~서기전 5000년경)는 신석기 문화로, 마찬가지로 조를 재배하고 돼지와 개 등의 가축을 길렀다. 주로 간석기를 사용했으나 뗀석기도 약간씩 사용했다.

북신(北辛) 문화(서기전 5300년경~서기전 4100년경)에서는 황갈색 토기와 붉은 간 토기로 만든 세발솥[鼎] 등의 조리 기구가 발견되어 잡곡을 주식으로 하는 원시적 농업이 이루어졌음을 알 수 있다.

앙소(仰韶) 문화(서기전 5000년경~서기전 3000년경)는 신석기 문화로 조 이외에 쌀과 보리를 재배하고 양, 염소, 소를 길렀다.

용산(龍山) 문화(서기전 3000년경~서기전 2000년경) 역시 신석기 문화로 검은 간 토기 생산으로 유명하다. 이 문화의 영향은 양자강

황하 문명과 양자강 문명

중국에 황하 문명 이외에 양자강 문명이 있다는 사실은 비교적 잘 알려져 있다. 중국의 곡창 지대는 화남(華南) 지방에 있고, 그 지역에서 형성된 양자강 문명이 삼국지 시대에 황하 문명에 편입되어 중국 경제의 힘이 부쩍 커졌다.

유역까지 미쳤으며 석기와 골각기, 비취 등이 유적에서 발굴되었다. 또 이 시기에 도시가 출현했고 농업과 목축업이 활발하게 이루어지며 쌀도 재배되었다. 그러므로 중국의 도시 문명은 용산 문화에서 시작되었다고 볼 수 있다.

절강성(浙江省)에서 하모도(河姆渡) 유적이 발견되며 서기전 6000~서기전 5000년 무렵에 이미 양자강 유역에 문명이 존재했음이 밝혀졌다. 양자강 문명은 밭농사 중심의 황하 문명과 달리 벼농사 중심이었고 훗날 오(吳), 촉(蜀), 초(楚)나라 등에 영향을 주었다.

그림 2-6 **중국 문명**

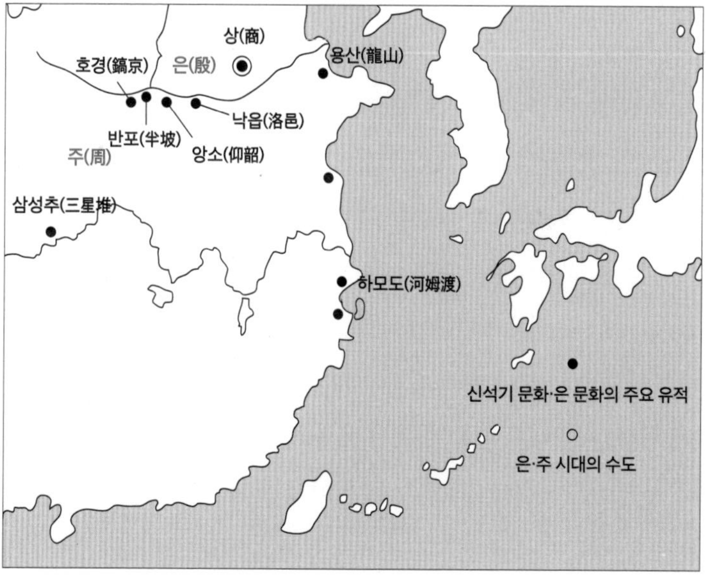

메소아메리카 문명

메소아메리카 문명은 멕시코 및 중앙아메리카 북서부에 이르는 지역에서 선주민이 세운 문명을 가리킨다. 다른 문명과 달리 이 문명은 큰 강 유역에 터를 잡지 않았다.

이 문명은 다른 대륙과 전혀 교류하지 않고 독자적으로 발달했다. 따라서 세계사에 직접 큰 영향을 미쳤다고 보기는 어렵다. 그러나 이 신세계에서 발견된 옥수수, 감자, 코코아 등은 전 세계인에게 필요한 식량으로 세계사에 깊숙이 뚜렷한 자취를 남겼다.

최초의 메소아메리카 문명은 올메카 문명이다. 이 문명은 거석으로 만든 인두상으로 유명하다.

멕시코 고원에서 번영한 테오티우아칸 문명(서기전 2세기~6세기)은 피라미드의 존재로 알려졌다. 전성기에는 도시에 10만~20만 명의 사람이 거주했으나 지나친 삼림 파괴로 자원이 고갈되어 멸망했다는 학설이 유력하다.

마야 문명은 4~9세기에 중앙아메리카 유카탄반도에서 번성했다. 신전과 피라미드를 건설하고 20진법을 채용했으며 그림 문자를 사용했다. 16세기에 에스파냐군이 침공한 후에도 명맥을 유지하던 이 문명은 17세기에 접어들어 에스파냐 문화를 받아들였다.

아스테카 문명은 15세기 멕시코 고원 일대를 지배했으나 1521년에 에스파냐의 에르난 코르테스가 들어오며 멸망했다. 아스테카 왕국의 수도였던 테오티틀란은 텍스코코 호수에 떠 있는 도시였

그림 2-7 메소아메리카 문명

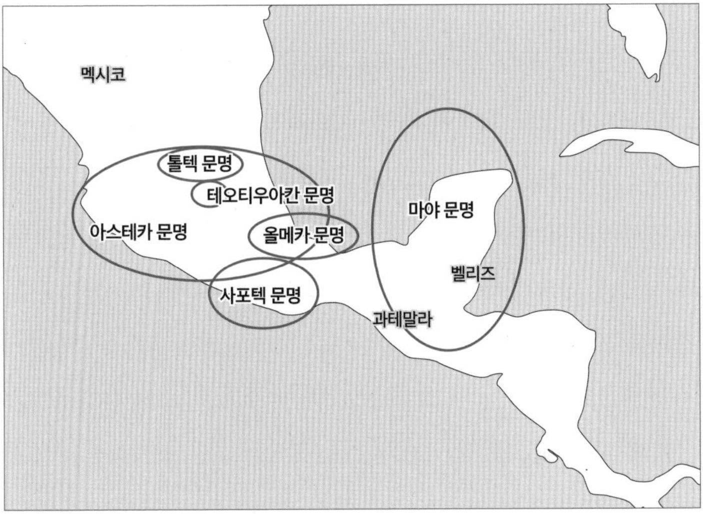

다. 코르테스는 고작 200명의 병사로 아스테카 왕국을 공격하고 함락시켰는데 에스파냐인이 의도치 않게 신대륙에 들여온 천연두가 퍼지며 속절없이 무너졌다. 아즈텍인은 신대륙에는 존재하지 않던 천연두를 이겨낼 면역력을 가지고 있지 않았다.

천연두

천연두 바이러스를 병원체로 하는 감염성 질환으로 치료해도 얽은 자국이 남는다. 18세기 말 영국의 의사 에드워드 제너가 제임스 핍스라는 소년에게 우두를 접종해 면역 작용을 얻는 방법으로 발견했다. 1980년 WHO는 천연두 완전 퇴치를 선언했다.

문명의 전파

지금까지 살펴본 문명 가운데 메소아메리카 문명을 제외한 나머지 문명은 다른 지역에 큰 영향을 미쳤다. 게다가 이 문명의 영향력은 출아프리카 과정과 겹쳤다. 아프리카를 나온 인류는 대개 육로로 이동했으나 직접 배를 만들고 바다로 나선 사람들도 있었다. 그들은 아프리카를 벗어나는 과정과 문명의 전파를 동시에 경험했다.

유럽

유럽 문명은 태생적으로 오리엔트 문명에서 많은 영향을 받았다. 다시 말해 유럽 문명은 걸음마 단계에서는 오리엔트 문명의 곁가지였다.

예를 들어 고대 그리스의 에게 문명의 전반기를 상징하는 크레타 문명은 크레타섬의 크노소스를 중심으로 서기전 2000년 무렵에 성립한 문명으로, 소아시아로 이주한 사람들이 세웠다. 고대 그리스인은 발칸반도에서 남하한 사람들로 오리엔트 세계의 영향을 받았다. 또 페니키아인은 오늘날 레바논(서아시아) 출신이었다. 페니키아인은 서아시아에서 출발해 지중해 여러 지방에 식민지를 건설했다. 식민지 중 하나인 티루스(티레)는 지중해 남부에 카르타고를 세웠고 카르타고는 나중에 고대 로마와 포에니 전쟁을 벌인다. 페니키아인은 지중해의 중요 항로를 개척한 민족이었다. 이처럼 지중해 세계의 형성에 오리엔트 세계가 막강한 영향력을 발휘했다.

한반도 · 일본

한국은 지리적으로 중국의 영향을 많이 받았다. 언제 건국되었는지 정확히 알 수 없는 일본 또한 중국의 영향력에서 벗어날 수 없었다. 『고사기(古事記)』, 『일본서기(日本書紀)』, 『만엽집(万葉集)』 등을 읽으면 중국, 한국, 일본 사이에 밀접한 관계가 있었음을 쉽게 가늠할 수 있다.

견수사, 견당사를 중국에 보낸 사실로도 일본이 중국을 본보기로 삼아 숭상하는 의식이 있었음을 엿볼 수 있다. 이처럼 중국을 우러러보는 사상은 적어도 근대 태동기인 에도 시대 말까지 이어졌다.

일본인의 뿌리는 몇 갈래나 있지만 중국에서부터 한반도를 거쳐 일본으로 들어온 사람들이 일본인의 적지 않은 부분을 차지하고 있음은 부인할 수 없는 사실이다.

동남아시아

동남아시아는 크게 대륙과 도서로 나뉘어 있다. 기후는 기본적으로 고온다습하다. 3000만~4000만 년 전에 인도 아대륙 지괴와 유라시아 대륙 지괴가 충돌하며 오늘날 인도차이나반도를 동남쪽으로 밀어내 보르네오섬을 남쪽으로 이동시켰다. 그리고 인도차이나반도에 높은 고원 지대를 중심으로 방사상 균열이 동남 방향으로 내달리며 메콩강과 이라와디강 등의 큰 강 형성에 이바지했다.

지리적 관계로 동남아시아는 중국과 인도 문명의 영향을 받았으며, 이들 문명과 동남아시아 각지의 문화가 융합한 독자적 문화권을 형성했다.

동남아시아 최초의 문화는 선비(Sốn Vi) 문화로 약 2만 년 전부터 1만 2,000년 전 베트남에 존재한 구석기 시대 문화다. 이어서 베트남, 캄보디아, 태국, 미얀마, 말레이반도, 인도차이나의 수마트라섬에까지 퍼지는 호아빈 문화(1만 1,000~7,500년 전)가 탄생하고 수마트라섬에서는 조개더미가 발견되었다. 이후 베트남에서는 간석기로 만든 돌도끼를 이용한 박손(Bắc Sốn) 문화, 토기 출현으로 알려진 다붓(Đa Bút) 문화 등을 볼 수 있다.

동남아시아 대륙부에서는 서기전 3000~서기전 2000년을 기점으로 대규모 문화 교체가 일어나 신석기 시대가 도래했다. 그 이전에는 뗀석기와 날 부분만 갈아낸 석기를 주로 사용하다 전체를 연마한 간석기로 발전했고 토기의 종류도 큰 폭으로 증가했다.

발굴된 석기를 살펴보면 그 이전에는 호주 원주민이나 멜라네시아계 특징을 보이다가, 베트남 동선(Đông Sốn) 문화(서기전 4세기~1세기, 최초의 금속기 문화)에 이르면 몽골로이드와 북방아시아 요

몽골로이드

인종을 형태로 분류하는 방법으로 황인종 또는 황색 인종이라 부르기도 한다.

소를 짙게 풍긴다. 유물만 보아도 문화의 주역이 바뀌었음을 알 수 있다.

동남아시아에서는 서기전 4000년경 벼농사가 시작되었다. 이 무렵까지는 양자강 중·하류 유역과 중국 동남부 아열대 기후 지역에서 문화적 접촉이 이루어졌고 중국에서 베트남으로 벼농사가 도입되었다.

그림 2-8 **동남아시아**

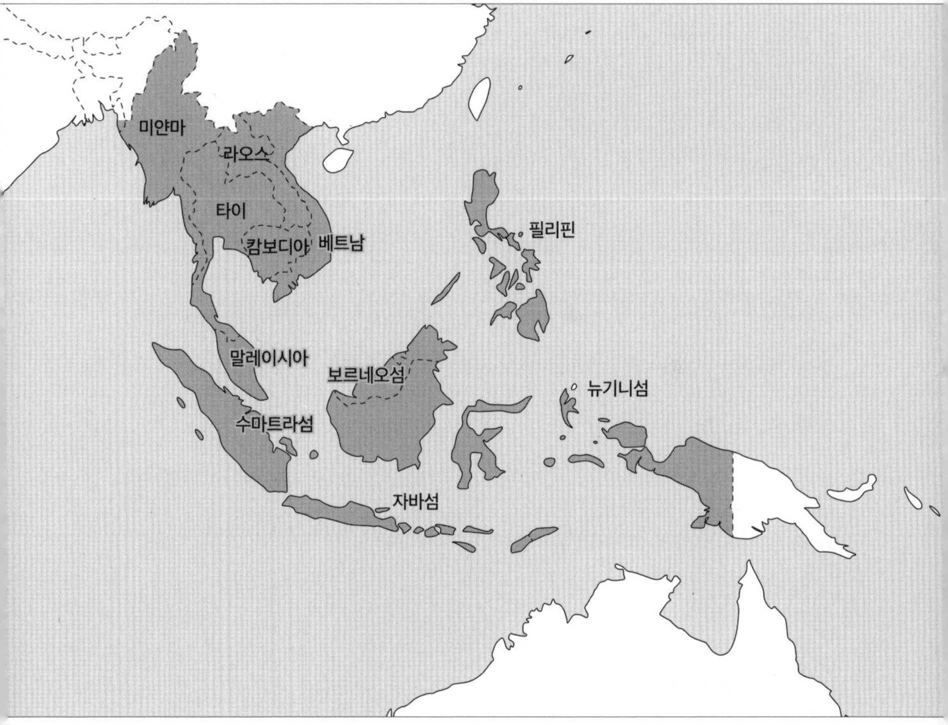

그림 2-9 **중국 동남부, 서남부와 동남아시아 벼농사의 전파**

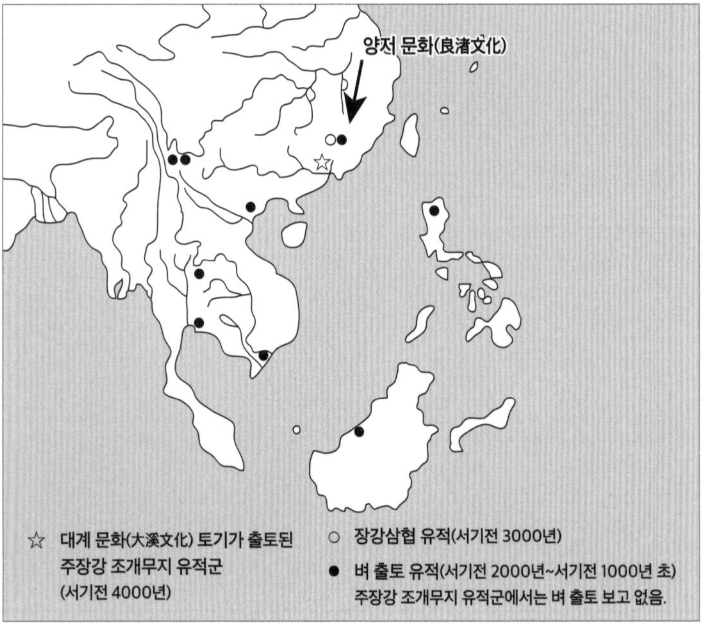

그림 2-9에서 볼 수 있듯, 벼농사는 서기전 2000~서기전 1000년 초에 동남아시아 섬 지역에까지 퍼졌다. 이처럼 동남아시아는 중국에서 많은 영향을 받았다.

태평양 도서 국가

오세아니아로의 인류 이동은 크게 두 번에 걸쳐 이루어졌다. 최초로 약 5만 년 전에 동남아시아 섬 지역과 사훌 대륙(Sahul, 빙하기로 해수면이 내려가며 호주와 뉴기니가 융기한 대륙, 그림 2-10 참조)과 그 주변의 비교적 큰 섬들로 이동했다. 이때 동남아시아로 이동한 사람들이 동남아시아 최초의 문화를 형성한 이들로 여겨진다.

두 번째 집단은 적도 북쪽과 남쪽으로 두 무리로 갈라져 동쪽으로 이동했고 오세아니아 전체로 퍼져 나갔다. 이들의 이동 모습은 그림 2-11을 보면 알 수 있다.

그림 2-10 **사훌 대륙**

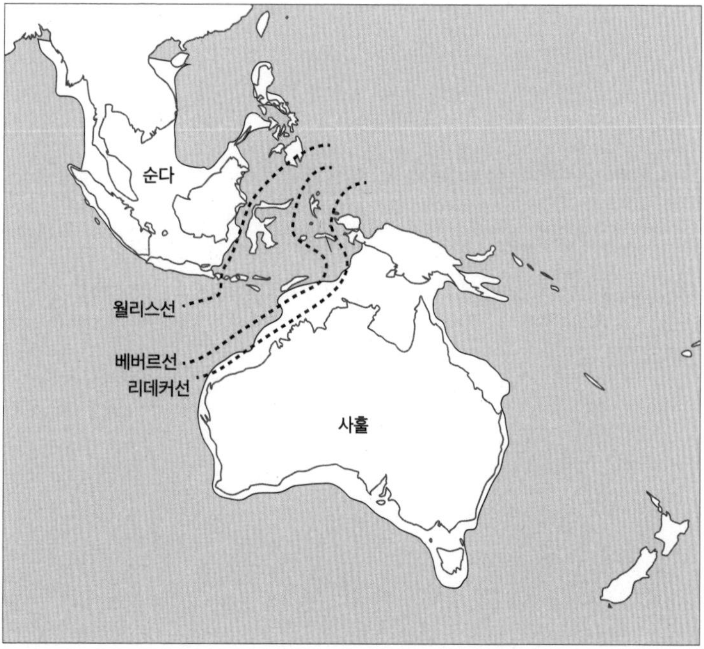

그림 2-11 **오스트로네시아의 오세아니아 확산**

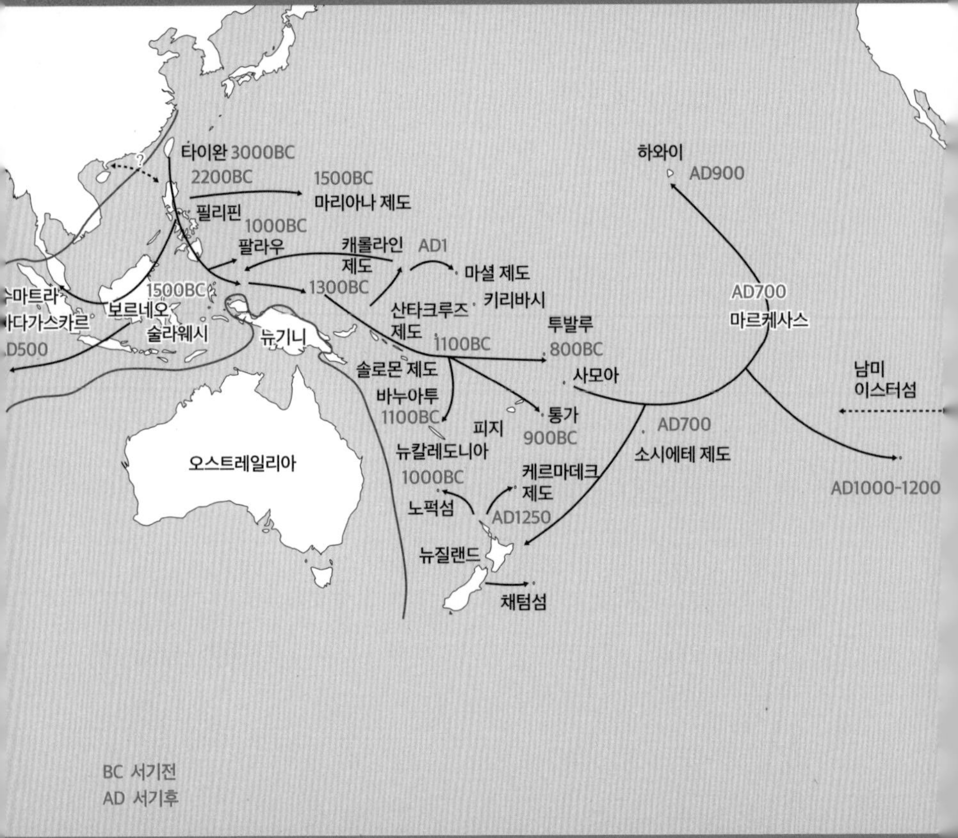

동남아시아 도서 지역에서 토기 문화를 가진 사람들이 뉴기니 해안으로 이동했고 다시 하와이와 이스터섬, 뉴질랜드로 이주했다.

이들 모두 배를 만들어 바다를 건너 이동했다. 두 번째 집단은 돛을 단 아우트리거 카누(통나무로 만든 선체 한쪽에 부력을 만들어주는 아우트리거를 단 배)를 이용해 해상을 이동했다. 그들은 신석기 문화 농경 민족으로 라피타(Lapita) 토기와 재배 식물, 가축 등을 배에 싣고 이동했다. 이 이주민을 '라피타 집단'이라 불렀고 오스트로네시아(Austronesia, 지금으로부터 5000년 전에 타이완에서 사용하던 오스트로네시아 조어(祖語)에서 발달한 언어를 말하는 사람들)였다는 사실이 밝혀졌다. 라피타 집단의 유적은 태평양 곳곳의 섬에서 찾아볼 수 있다.

이처럼 여러 섬으로 퍼져 나간 사람들이 만든 문화권이 존재했다. 이들을 하나의 문화권으로 간주할 수도 있는데, 바다가 하나의 문명을 만들었을 가능성이 있다. 라피타 집단의 맥을 잇는 사람들은 다시 폴리네시아 섬으로 이동했다. 또 동남 솔로몬 제도를 기원으로 하는 사람들이 추크 제도 서쪽에 위치한 산호섬으로 이동했다.

뉴질랜드에는 폴리네시아인(오스트로네시아어를 사용하는 몽골로이드계 민족)이 8세기 무렵부터 정착하기 시작했다. 이 과정에서 큰 섬 중 무인도가 세계에서 사라졌다. 폴리네시아인은 뛰어난 뱃사람들로 아메리카 대륙까지 배를 타고 왕복했다. 고구마가 남미에서 폴리네시아로, 닭이 폴리네시아에서 남미로 들어간 경로를 추측할 수 있다.

그림 2-12 **미크로네시아·폴리네시아·멜라네시아**

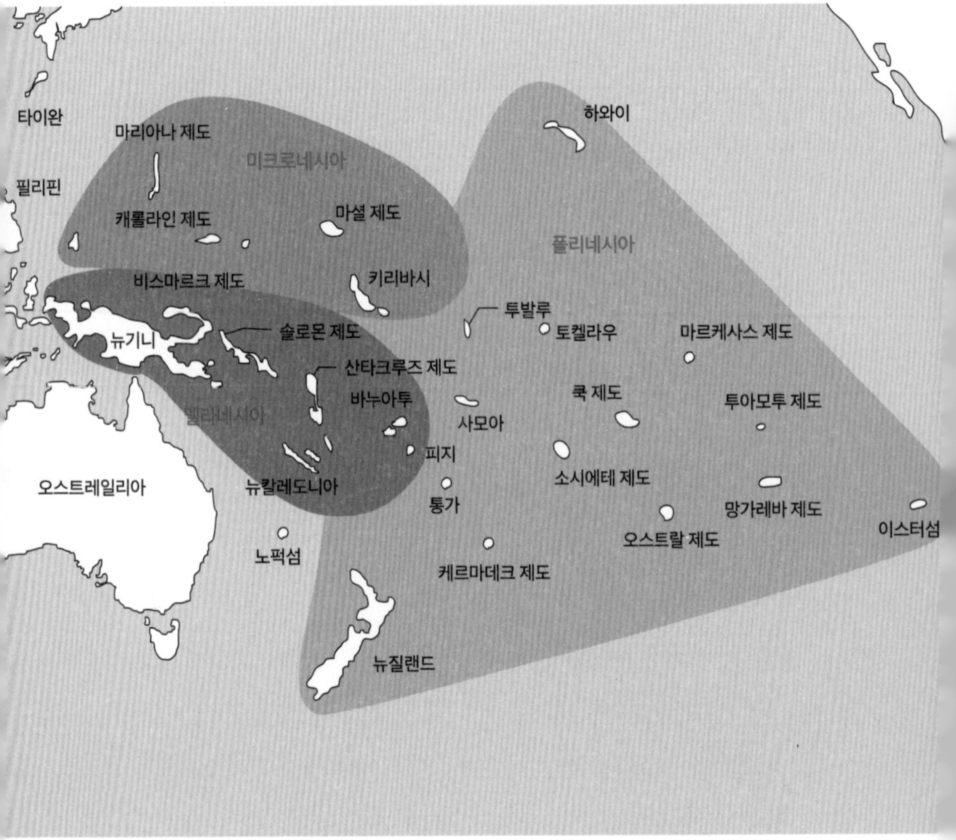

인류의 출아프리카 여정은 일반적으로 호모사피엔스가 남미 남단에 도달한 시점에서 끝났다고 생각하는 경향이 있다. 그러나 아프리카에서 나온 호모사피엔스의 이동은 남미 남단에서 끝나지 않았다. 언제 그들의 여정이 끝났는지 분명한 시점을 따질 수 없더라도 이스터섬에 도달한 1000~1200년 무렵이라고 생각하면 이 시점까지 이동이 계속되었다고 볼 수 있다.

고대 문명 전파는 출아프리카와 관련되어 있고 출아프리카는 곧 문명의 전파를 의미한다. 문명은 정착 생활에서 탄생했다. 한곳에 자리를 잡고 살면 농경 생활이 필수다. 그러나 이동하는 사람들이 없었더라면 문명의 전파도 이루어지지 못하고 문명 간 교류도 없었을 것이다. 따라서 정착 생활을 하는 사람들과 이동하는 사람들은 상호 의존 관계이며 그 관계야말로 인류의 역사를 아우르는 큰 특징이라고 볼 수 있다. 인류의 이야기는 이 점을 무시하고는 이야기할 수 없음을 잊지 말아야 한다.

이스터섬

태평양에 자리한 칠레령 섬. 모아이 유적으로 유명하다.

3
농경 생활로 불거진 문제

정착은 인간에게 이로운 일이었을까?

인간은 왜 정착하여 농사를 짓기 시작했을까? 이는 아마도 인류사의 가장 어려운 수수께끼에 속할 것이다.

예전에는 인간이 한곳에 머물러 살며 농사를 짓게 되면서 생활 수준이 크게 향상되고 평균 수명이 늘어났다고 생각했다. 그런데 학자들이 이와 반대되는 증거를 속속 찾아냈다.

농경 생활의 시초는 아무리 거슬러 올라가도 대략 1만 년 전이니 인류의 전 역사에서 보자면 아주 최근에 일어난 사건이다. 태초에 인류는 가까이 있는 나무의 열매와 동물을 먹고 살았다. 인류가 아프리카를 떠나 세계 각지로 퍼져 나갈 무렵 대부분 수렵 채집으로 삶을 영위한 것이다. 아프리카 밖으로 나오지 않는 한 인류는 굳이 농사를 지을 이유가 없었다.

인류가 아프리카를 나와 농경 생활을 시작할 때까지 상당한 시간이 필요했다. 농사 짓는 기술을 익힐 시간이 필요했기 때문이라고 가정할 수 있다. 농경 생활이 시작되었다는 것은 적어도 그 지역은 아프리카에서 벗어났음을 의미한다.

오랜 세월이 걸렸지만 인류는 대개 농경 생활을 선택했다. 바로 인류의 대전환기다. 워낙 큰 변화이기에 신석기 혁명이라고 칭하기도 한다. 간석기와 토기 사용이 농경 생활의 증거다.

부족함이 없던 수렵 생활

한 연구자는 정착 생활이야말로 '인류가 저지른 가장 큰 실수'라고 주장한다.

예전에는 수렵 채집에 의존하던 인류의 생활 수준이 낮아 평균 수명이 짧았다고 추정했다. 그렇게 믿는 이들은 인류가 식량을 재

출아프리카와 정착 생활

인간은 왜 한곳에 자리 잡고 살게 되었을까? 이 물음의 답 중 하나는 '출아프리카'다. 아프리카를 떠난 인류는 끊임없이 이동하며 살 수 없어 어딘가에 삶의 터전을 정했다. 정착에서 문명의 탄생까지는 시간이 필요하다. 농경 생활에서 충분한 식량을 확보하기까지 상당한 시간이 소요되기 때문이다.

배하지 못하고 저장 기술도 익히지 못해 매일 새로운 식량을 찾아 주린 배를 부여잡고 이동했다고 생각한다. 또 비참한 배고픔에서 벗어나기 위해 인류가 식물을 재배하고 동물을 가축으로 길들이기 시작했다고 여긴다. 인류가 정착해서 품종을 개량한 식물을 심은 덕분에 많은 식량을 얻을 수 있었고 비로소 굶주림에서 벗어나게 되었음을 통설로 여기는 사람이 여전히 많다.

그러나 오늘날에도 수렵 채집 생활을 하는 아프리카의 산족(San people, 흔히 '부시먼족'이라고 부른다 - 옮긴이)은 충분한 여가 시간을 즐기며 아등바등 일하지 않는다. 산족의 하루 섭취 열량은 2,140칼로리로 충분한 영양을 얻고 있다. 산족은 수렵 채집으로 생활을 꾸려 나가지만 굶주림과는 거리가 멀다. 1만 년 전에 수렵 채집 생활을 했던 인류도 별반 다르지 않았을 것이다.

수렵 채집에서 농경 생활로 전환하며 사람들의 생활 수준이 향상되었다는 믿음이 퍼졌지만 실제는 정반대였다. 예를 들어 그리스와 터키에서 발견된 유골에서는 빙하기 말인 1만 년 전 수렵 채집민의 평균 신장이 남성 180센티미터, 여성 168센티미터인데 비해, 서기전 3000년에 살던 농민의 평균 신장은 남성 162센티미터, 여성 152센티미터로 오히려 수렵 채집민이 더 컸다. 이를 근거로 수렵 채집민의 영양 상태가 양호했음을 알 수 있다.

미국에서 발견된 유골도 이러한 주장을 뒷받침해 준다. 농민은 수렵 채집민과 비교해 영양 부족으로 사기질 결손이 50퍼센트나 많았다. 이 지역 유골을 조사한 결과 농사를 짓기 전 사람들의 평균 수명은 26세였으나 농사를 시작한 후에는 19세로 크게 줄어들었다. 농경 생활을 하는 사람들의 영양 상태가 열악하고 결핍된 생활을 했다는 주장이 점점 사실로 판명되고 있는 것이다.

농경 생활의 문제점은 무엇일까?

평균 수명이 짧아진 데는 세 가지 이유가 있다.

첫째, 수렵 채집민의 식단은 다채로웠다. 반면 초기 농민이 구할 수 있는 식량은 한두 종류로 한정되었고 열량도 부족해 영양 상태가 좋지 못했다.

둘째, 아주 적은 수의 작물에 의존하다 보니 만일 그 작물이 잘 자라지 못하면 순식간에 굶주림에 직면할 위험을 항상 안고 살아야 했다. 농경 생활은 수렵 채집 생활보다 식량 확보가 불안정했다.

셋째, 사람들이 한곳에 모여 농사를 지으며 살고 다른 지역 사람들과 상품을 교환하는 과정에서 기생충과 전염병이 폭발적으로 번졌다. 결핵과 설사는 농경 생활 이전에는 존재하지 않았으며 홍역과 가래톳 페스트는 대도시가 생길 때까지 발생하지 않았다.

더욱이 농경 사회는 사람들의 계급 격차를 만들어냈다. 수렵 채

홍역

홍역 바이러스에 감염되어 생기는 전염병. 39~40도의 고열이 나며 울긋불긋한 발진이 생긴다.

집민은 식량을 저장할 필요가 거의 없었다. 근처에 있는 먹을거리를 적당히 그러모으면 되었기 때문이다. 그들은 주변 자원만으로도 충분히 식량을 확보할 수 있었다.

반면 농민은 식량을 비축해야 했다. 그러자 가진 자와 못 가진 자 사이에 커다란 격차가 생겨났다. 계급이 발생하자 국왕이 탄생했고 일반 농민보다 훨씬 풍요로운 생활을 하는 계급이 생겨났다.

또 농경은 성에 따른 격차를 만들어냈다고 추정된다. 농민 여성은 수렵 채집민 여성보다 임신 확률이 높았고 자녀 양육에 더 많은 시간을 써야 했다. 그리고 여성은 남성보다 전염병에 걸리기 쉬웠다. 남성 우위 사회는 농업 생활이 빚어낸 필연적 결과였다.

농경이 수렵 채집보다 많은 사람을 부양할 수 있음은 분명하다. 그러나 농민은 궁핍하게 생활했다. 농경 생활 초기에 인구 밀도는 16제곱킬로미터당 한 명을 넘는 경우가 드물었다. 반면 농사가 완전히 자리 잡은 이후 같은 면적에 평균적으로 그 백 배의 인구가 모여 살았다. 따라서 농경 생활이 질병 확산을 크게 부추길 수밖에 없었다.

1만여 년 전, 빙하기가 끝나자 인류는 농경으로 더 많은 인구를 부양하거나 인구를 늘리지 않고 수렵 채집을 계속하는 두 가지 길

가래톳 페스트

페스트 중에서도 가장 발생 빈도가 높다. 페스트에 걸린 쥐의 피를 빤 벼룩에 물려 감염되며 사망률이 높다. 림프샘이 심하게 붓는다고 해서 선 페스트라고 불렸다.

가운데 하나를 선택해야 했다. 그러자 많은 이가 전자의 길을 선택하고 수렵 채집민을 몰아내거나 학살했다. 이러한 사실로 미루어 농경 생활이 전쟁을 낳았다고 볼 수 있다.

사실 그 이전의 수렵 채집민도 아프리카를 떠나는 과정에서 수많은 동물을 죽였다. 어쩌면 호모사피엔스는 정착 생활을 하며 인류 간의 전쟁을 시작했는지도 모른다.

인류는 농경을 선택했다

정착 생활과 농경으로 도시가 만들어지며 비로소 문명이 탄생했다. 수렵 채집민이 6대 문명 같은 문명을 경험했다고 보기는 어렵다. 아마도 농민은 까마득한 세월에 걸쳐 수렵 채집민이 도달하지 못한 생활 수준을 달성했을 것이다. 다시 말해 아주 오랜 세월 동안 농민의 생활 수준은 수렵 채집민을 따라잡지 못했고 질병이 큰 폭으로 늘어났다.

특히 농민은 농경 생활에서 파생된 새로운 질병으로 고통 받았다. 작물을 가공해 얻는 전분을 지나치게 많이 섭취하면서 충치가 생긴 것이다. 수렵 채집민은 어지간해서는 충치가 생기지 않았으나 농경 생활을 하는 사람들에게 충치는 일상적으로 달고 사는 고질병으로 자리 잡았다. 또 전분은 빠르게 당으로 변해 전분이 많은 식사를 계속하면 당뇨병 같은 성인병에 걸릴 확률이 높아진다.

우리의 먼 선조 중 대다수는 수렵 채집이 아니라 농경 생활을 선택했다. 그래서 인구가 증가했고 인구가 증가하자 농경 생활을 하지 않을 도리가 없게 되었다. 이처럼 인류에게는 농경 생활을 선택할 수밖에 없는 이유가 존재했다.

그런데 사람들은 왜 먹고살기 편한 수렵 채집을 포기하고 힘들게 일해야 하는 농경을 택했을까? 상당히 오랫동안 그 선택은 실패했다고 볼 수밖에 없는 상황이었다. 생활 수준은 내려갔고 평균 수명은 줄어들었으며 성차별은 확대되었다. 급기야 사람들 사이에 빈부의 격차까지 확대되었다. 수렵 채집 생활에서 전혀 굶주리지 않았는지는 알 길이 없으나 기본적으로 인류는 농경 사회가 오고 나서 본격적인 굶주림에 시달렸다. 인류는 19세기 후반에 이르러서야 가까스로 선진국에서부터 기아에서 벗어났다. 그러나 중앙아프리카에 사는 사람들의 생활 수준은 여전히 열악해 인류가 굶주림을 극복했다고 선언하기에는 아직 이르다.

농민은 수렵 채집민보다 훨씬 부지런히 일해야 했다. 인간은 부지런해지기 위해 농경 생활을 선택했는지도 모른다. 수렵 채집에서 농경 생활로 옮아간 것은 인류사 최대의 수수께끼 중 하나다. 그 수수께끼를 풀 실마리가 출아프리카에 있다. 인류는 아프리카를 나와 여러 지역으로 이동했다. 만일 인류가 어느 한곳에 터를

도시 건설

도시의 탄생은 식량에 여유가 있고 농경 생활이 그만큼 증가했음을 의미한다.

농경 장면을 그린 고대 이집트 벽화

잡고 살지 않았다면 출아프리카는 영원히 계속되어야 했다.

아프리카를 떠난 현생 인류는 언젠가 한곳에 정착할 수밖에 없었다. 아프리카에서처럼 나무 열매를 따 먹고 동물을 사냥하던 생활이 더는 허락되지 않았다. 마침내 어딘가에 자리 잡지 않으면 출아프리카는 끝나지 않았다. 출아프리카야말로 정착 농경 생활을 하게 만든 원인이 아니었을까.

4
중국의 융성

중국 경제는 어떻게 융성했을까?

세계 문명을 여섯 개로 나누는 방식은 어디까지나 편의를 위해서다. 물론 '어느 정도' 합리적인 이유도 있다.

문명이란 얼마간의 범위와 영향력을 지니고 균질한 가치관을 공유하는 사람들이 거주하는 영역이라고 정의할 수 있다. 이 정의를 받아들인다면 필연적으로 '문명'의 범위는 넓어지고 문명의 수는 그다지 늘어나지 않는다.

6대 문명 가운데 메소아메리카 문명은 다른 문명과 고립되어 있을 뿐 아니라 성립 시기도 비교적 늦다. 메소포타미아와 이집트는 오리엔트라는 하나의 문명권을 형성했다. 이 오리엔트에서는 다양한 국가가 난립했고 전쟁이 끊이지 않아 통일 국가가 생겼다 멸망하는 과정을 수없이 반복했다. 인더스 문명 또는 인도 문명도 비슷한 상황에서 장기간에 걸쳐 하나의 통일 국가를 이루지 못했다.

반면 황하 유역에서는 일찍부터 통일 국가가 완성되어 전란의 시기에도 국가 통일이 당연한 전제로 여겨졌다. 황하 유역의 통일 왕조는 중국 경제라는 무대에서 빼놓을 수 없는 역할을 도맡았다. 다시 말해 근세나 근대 유럽과 마찬가지로 국가 주도로 경제 성장이 이루어졌다. 이때까지 양자강 유역은 그 권역에 편입되지 못했다.

하 왕조에서 전국 시대까지

중국 역사서 중 사마천이 쓴 『사기(史記)』에 따르면 중국에서 가장 오래된 왕조는 하(夏) 왕조(서기전 1900~서기전 2000년경)였다. 오늘날의 고고학 연구 성과로 추측하면 하 왕조의 지배권은 그림 4-1에서 볼 수 있듯 이리강(二里岡) 문화와 일치한다.

사마천(司馬遷, 서기전 145?~서기전 86?)
전한(前漢)의 역사가로 역사서 『사기(史記)』를 썼다. 흉노에 투항한 장수 이능(李陵)을 변호했다가 무제(武帝)의 노여움을 사 궁형에 처해졌다.

하 왕조의 뒤를 이은 은(殷)은 서기전 1550년경~서기전 11세기에 존속한 왕조로 여겨진다. 은은 하나의 도시로 읍(邑)이라 부른 주변 도시 국가와 연합체를 형성한 연합국가였다. 이 시대에는 청동기를 만들어 사용했다.

은의 뒤를 기어 서기전 11세기에 주(周 또는 서주西周) 왕조가 세워졌다. 주 왕조가 다스리던 지역은 그림 4-2를 보면 알 수 있다. 서기전 770년에 주가 낙읍(洛邑, 낙양(洛陽) 서쪽 교외) 천도를 계기로 춘추전국 시대에 접어들었고 중국은 500년 이상 이어진 전란의 시대에 돌입했다.

그림 4-1 **이리강 문화의 범위**

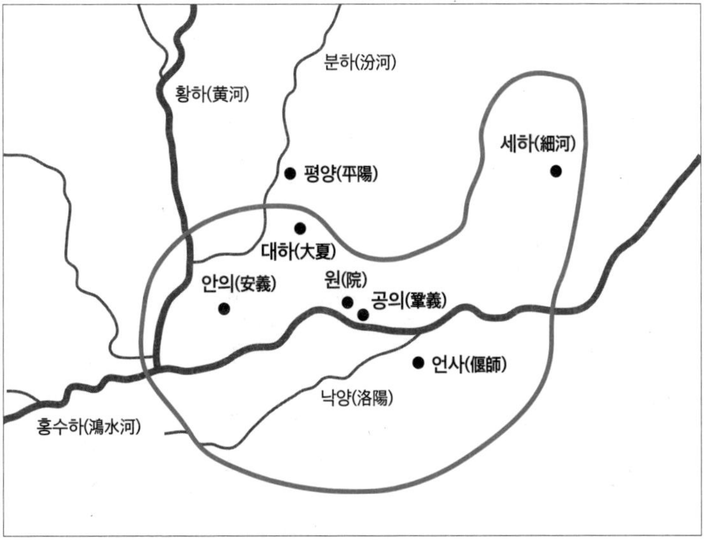

그러나 춘추전국 시대를 단순히 전란의 시대로만 보면 중요한 경제 발전을 간과하게 된다. 이 시대에는 철제 무기가 보급되었고 철제 농기구와 우경이 널리 퍼져 농업 생산력이 증대되었다. 또한 농업과 수공업이 활발해지며 청동 화폐가 도입되었다. 춘추전국 시대 중국에서는 괄목할 만한 경제 발전이 이루어졌다.

춘추전국 시대를 통일한 나라는 진(秦)이다. 이미 중국 경제는 세계적 관점에서 봤을 때 수준이 높았으며 탄탄한 경제적 기반을 물려받은 진은 중국의 경제 수준을 한층 키워 놓았다.

진나라의 왕 정(政, 서기전 247~서기전 221년 재위)은 법가(法家) 사상에 바탕을 두고 중국을 통일했다. 이후 도량형과 문자, 화폐까지 통일했다. 그리고 중앙 집권적 군현제(郡縣制)를 채용해 단순한 왕이 아닌 '황제'의 지위에 올라 우리가 아는 이름인 시황제(始皇帝, 서기전 221~서기전 210년 재위)라 칭하게 되었다.

시황제의 경제 정책

서기전 221년, 시황제가 중국을 통일하기 전 중국에서는 갖가지 화폐가 통용되고 있었다. 시황제는 다양한 화폐를 반량전(半兩錢)으로 통일해 넓은 지역에서 두루두루 사용할 수 있게 했다. 중국이라는 거대한 영토가 단일 화폐로 통일된 것은 말하자면 오늘날 유럽 연합(EU)에서 사용하는 유로를 고대 중국이 훨씬 이전에

그림4-2 **서주의 범위**

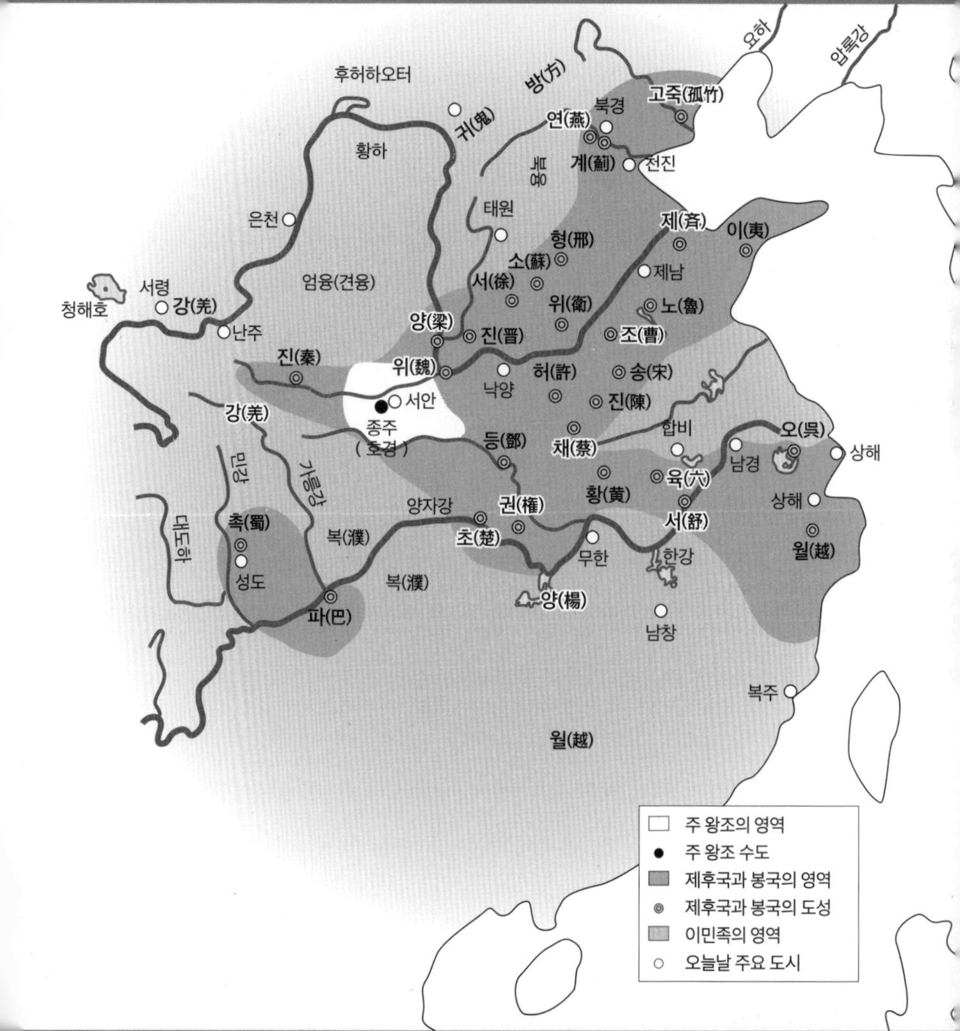

요하
압록강
후허하오터
방(方)
귀(鬼)
고죽(孤竹)
북경
연(燕)
황하
분하
계(薊)
천진
태원
은천
제(齊)
이(夷)
형(邢)
소(蘇)
제남
서령
엄융(견융)
서(徐)
위(衛)
노(魯)
청해호
강(羌)
양(梁)
진(晋)
조(曹)
난주
진(秦)
위(魏)
낙양
허(許)
송(宋)
서안
진(陳)
강(羌)
종주
(호경)
합비
오(吳)
등(鄧)
채(蔡)
상해
남경
민강
가릉강
황(黃)
육(六)
상해
양자강
권(權)
서(舒)
촉(蜀)
대도하
복(濮)
초(楚)
무한
한강
월(越)
성도
복(濮)
양(楊)
파(巴)
남창
복주
월(越)
주 왕조의 영역
주 왕조 수도
제후국과 봉국의 영역
제후국과 봉국의 도성
이민족의 영역
오늘날 주요 도시

만들어 단일 통화권을 구축했다는 의미다. 춘추전국 시대에 이미 시작된 경제 성장이 화폐 통일로 가속화한 것이다.

문자는 소전(小篆, 중국의 시황제가 재상인 이사(李斯)에게 명해 만든 대전(大篆)을 간략화한 글자체로 진전(秦篆)이라고도 한다 – 옮긴이)으로 통일되었다. 중국은 오늘날까지도 지역에 따라 발음 차이가 존재하는 나라지만 글자가 통일되어 필담으로 의사소통이 가능하다. 거대한 중국을 하나로 소통하는 기반을 닦은 인물이 시황제였다. 소전은 '아시아 최초의 공용 문자'라는 수식어가 아깝지 않다. 소전의 도입으로 동아시아 세계, 나아가 동남아시아 일부를 포함해 언어의 장벽이 훌쩍 낮아졌다.

시황제는 군현제라는 중앙 집권제를 만들었다. 춘추전국 시대에는 각지에서 호족이 할거해 중앙 정부에서 통제할 수 없었다. 그래서 시황제는 중국이라는 국가 전체를 중앙 정부가 일괄적으로 관리하는 체제로 개편했다. 통합 덕분에 경제 활동에 걸림돌이 되는 갖가지 불필요한 장벽이 없어졌다. 요컨대 시황제의 정책으로 상업 활동에 뒤따르는 여러 비용이 큰 폭으로 절감된 셈이다.

중국 상품은 단일 시장에서 유통되기 시작했고 그 시장은 국가 권력으로 만들어졌다. 국가가 시장에 개입해 상품 흐름(물류)을 촉진했다. 이 정도의 대규모 경제 정책은 당시 유럽에서는 상상도 할

단일 통화권

국경을 초월한 광범위한 지역에서 하나의 통화를 사용할 때 그 통화권의 범위를 일컫는 용어.

시황제의 병마용

수 없는 수준이었다.

시황제가 만든 체제는 이후 전한(前漢)의 무제가 계승한다.

시황제에서 무제로

시황제의 정책이 너무나 가혹했기에 진 왕조는 고작 15년 뒤인 서기전 206년에 멸망했다. 이후 항우(項羽)와 유방(劉邦)이 패권을 다투었고 최종적으로 유방이 승리해 서기전 202년에 한(漢) 왕조가 탄생했다.

한은 당연히 진과 반대되는 국가를 세웠고 진의 군현제와 봉건제를 절충한 군국제(郡國制)를 채택했다. 유방(고조(高祖), 서기전 202~서기전 195년 재위)은 자신을 위해 싸워준 제후의 공적을 무시할 수 없었기에 직할지에는 중앙 집권제인 군현제를, 그 외 지역에는 지방 분권제인 봉건제를 실시했다.

그러나 경제(景帝, 서기전 157~서기전 144년 재위)는 제후의 권력을 빼앗아 자신의 권력을 강화하려 했다. 이에 반발한 제후들이 서기전 154년에 오초칠국(吳楚七國)의 난을 일으켰다. 오초칠국의 난은

중국의 경제 성장

아시아가 유럽에 비해 태곳적부터 경제적으로 뒤처졌다는 인식이 더는 통용되지 않는다. 본문에서 살펴봤듯 중국은 훨씬 일찍부터 경제적으로 성장했다. 진나라 시황제의 힘이 막강해 경제 성장에 필요한 인프라를 정부가 제공했기 때문이다.

석 달 만에 진압되었고 경제의 뒤를 이은 무제(武帝, 서기전 141~서기전 87년 재위)의 치세에 이르러 제후의 힘은 한층 약해지고 군주 독재체제가 강화되었다.

진에서 한(전한)의 무제에 이르는 80여 년은 황제 독재, 즉 중앙집권 정책의 역사로, 이 정책을 시작한 인물은 진의 시황제, 완성한 인물은 한의 무제였다. 이 정책은 경제적으로는 단일 시장 탄생을 지향점으로 삼았다. 시황제부터 무제까지 약 100년에 걸쳐 중국은 경제 성장에 적합한 제도를 갖추어 나갈 수 있었다.

EU가 만들어지기 무려 2,000여 년 전 중국에 단일 시장이 탄생했던 셈이다.

무제의 적극적인 대외 정책

한 무제는 일시적이나마 중국 전체를 통일하고 중국 남부와 한반도에까지 군현제를 확대했다.

중원을 통일한 무제는 이어서 유목 민족인 흉노와 대립각을 세

유목 민족

인류를 정착형과 이동형으로 나눌 때 이동형에 속하며 목축으로 생계를 유지하는 민족.

흉노(匈奴)

서기전 4세기~서기후 5세기 몽골 고원을 중심으로 크게 세력을 떨친 유목 민족.

웠고 서기전 139년 흉노를 축출하기 위해 장건(張騫)을 대월지(大月氏)에 파견했다. 10여 년 후 겨우 귀국한 장건에게 대월지, 대완국(大宛國), 오손(烏孫) 등의 상황을 보고받은 무제는 본격적인 서역 경영에 나섰다. 위청(衛青), 각거병(霍去病) 등의 장군을 거느린 무제는 서기전 129년 이후 흉노를 압박하며 서역으로 진출했다. 그는 돈황(敦煌) 이남에 군을 설치하고 지배 영역을 서역으로 확장하는 한편 남월(南越, 오늘날의 베트남)을 정복해 일남군(日南郡) 등을 설치하고 한반도에는 낙랑군(樂浪郡)과 한사군(漢四郡)을 두어 직할령으로 삼았다. 이처럼 한 무제 시대에 중국은 중화권 이외의 세계로 판도를 확장해 나갔다.

이들 지역은 한 무제 시대에 단일 시장으로 편입되었으나 초기의 통합 정도는 그다지 견고하지 않았다.

무제의 재정 개혁

무제의 적극적인 정책은 심각하게 부정적인 측면을 동반했다. 즉 무리하게 펼친 대외 정책으로 한의 국고가 바닥을 드러낸 것이다. 텅 빈 국고를 채우기 위해 무제는 재정 재건에 나섰고 이때 활약한 이가 상홍양(桑弘羊)이다.

상홍양이 조언하는 대로 무제는 소금과 철에 세금을 부과하고 국가 재정으로 관리했다. 소금과 철은 중국에서 가장 중요한 자원

그림 4-3 **무제 시대 중국 영토**

이었다. 그러나 소금 생산지는 산서성(山西省)과 사천성(四川省) 일부에 국한되었고 그 지역 제염업자와 판매업자가 거액의 부를 축적했다. 또 철제 농기구는 제철업자와 판매업자가 독점해 막대한 이익을 챙겼다.

소금과 철이 과세 대상이 되었음에도 세수입으로 국고에 환원되지 못하고 국고가 생각만큼 늘지 않자 무제는 소금과 철의 전매제(專賣制)를 도입했다.

그리고 균수법(均輸法)과 평준법(平準法)이 뒤따랐다. 균수법은 물품을 매입하고 중앙으로 운송하는 역할을 담당하는 균수관(均輸官)을 두는 제도다. 말하자면 국가가 상업 행위를 주도해 국가의 재정 안정을 도모한 것이다. 평준법은 지방에 파견된 균수관이 물가가 내려가면 사들이는 물건값을 올려 물가를 상승시키고 물가가 올라가면 물건을 내다 팔아 물가를 조정하는 정책이다.

이에 더해 무제는 상공업에 부과하는 세금을 늘리는 정책을 취했고 중앙 관청이 화폐 주조를 독점했다.

무제가 만든 물류

무제의 재정 개혁은 당시 유럽에서는 적용 불가능한 진보적인 체제였다. 만약 한나라가 공채를 발행했더라면 한층 근대적인 시스템을 갖출 수 있었을 테고, 그랬다면 부채 변제가 훨씬 수월했을 것이

한의 화폐

기 때문이다. 그러나 한나라는 공채를 발행하지 않았고 이는 후대 중국 경제의 약점이 되었다. 단기적으로 채무를 지고 장기간에 걸쳐 갚는 근대 경제에 필수적인 체계는 이후 유럽에서 형성되었다.

무제의 재정 개혁은 단순히 제도 개혁에 그치는 것이 아니라 국가가 경제에 개입하고 경제 성장을 촉진하는 체제라고 할 수 있다. 이는 진의 시황제가 시작하고 한의 무제가 완성한 것이다.

균수법과 평준법은 특권을 지닌 대상인에게 막대한 타격을 입힌 반면 일반인에게는 여러모로 득이 되었다. 한정된 상품이나마 특정 상인이 물류를 좌우하는 상태에서 탈피했기 때문이다. 덕분에 중국 경제는 한 단계 더 성장할 수 있었다.

위진 남북조 시대

한은 전한에서 후한으로 이어진 뒤 220년에 멸망했다. 후한 말기에는 태평도(太平道) 신자들이 일으킨 황건의 난을 계기로 국내가 분열하는 위진 남북조 시대(魏晉南北朝時代, 184~589년)로 돌입했다.

서진(西晉)이 천하를 통일할 때까지 삼국 시대(184~240년)가 이어져 위(魏)·촉(蜀)·오(吳)가 팽팽히 맞서며 호각을 겨루었다. 촉과 오는 양자강 문명과 인연이 있는 지역에 자리 잡았으며, 삼국 시대에 황하 문명과 양자강 문명이 통일되어 중국 문명이 탄생했다고 추정된다.

그러나 중국 통일은 오래가지 못했다. 서진은 316년에 멸망하고 남으로 내려와 동진(東晉)이 되었는데 이 과정에서 화북(華北)에 비해 뒤처졌던 화남(華南)이 개발되어 이 지역을 중심으로 경제가 발전했다. 이로써 황하 문명의 영향권에 있던 지역과 양자강 문명 안에 있던 지역의 경제력이 동등해질 수 있었다.

다만 내란이 계속되면서 삼국 시대에는 중국의 인구가 칠 분의 일 수준까지 감소했다고 전해진다. 화북 지역의 경제력은 저하되고 화남 지역의 경제력은 상승해 격차가 줄어들었지만 전체적으

황건(黃巾)의 난

후한 말기 184년에 교조 장각(張角)을 지도자로 삼은 태평도 신도가 중국 각지에서 일으킨 농민 반란. 신도들은 누런 두건이나 깃발을 상징으로 삼았기에 황건이라 불렸다.

그림 4-4 **삼국 시대**

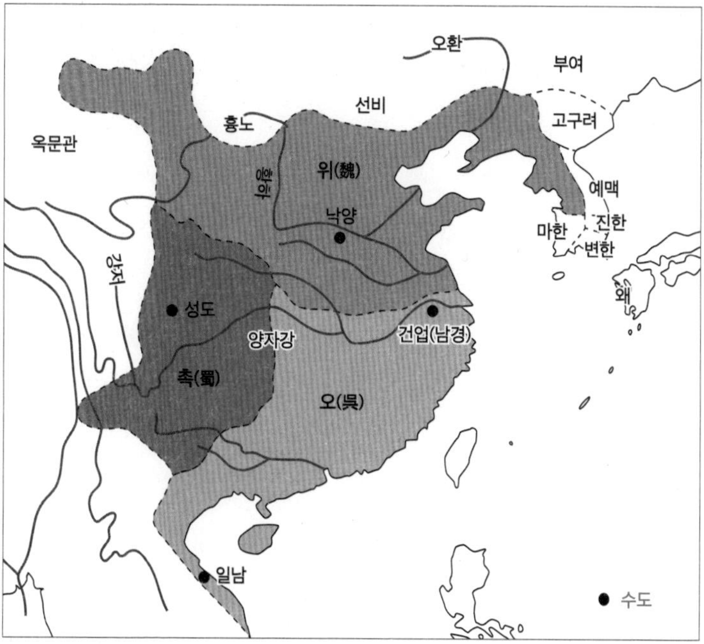

로는 정체된 시대였다.

화북에서는 304년에 전조(前趙)가 건국하여 서진을 몰아냈다. 이때부터 439년에 북위가 화북을 통일할 때까지를 오호십육국(五胡十六国) 시대라 부른다. 이 시기 화북 지역에서는 전란이 극심해 경제의 중심이 화남으로 옮겨간 모양새를 취했다.

439년부터 양견(楊堅, 문제(文帝), 581~604년 재위)이 중국을 통일한 589년까지를 남북조 시대라 한다. 남북조 시대는 한족을 중심으로 한 왕조는 화남에 있고 북방 민족이 화북을 지배하는 형국이 특징이었다.

중국을 통일한 수(隋, 581~618년)는 과거 정책의 좋은 점을 본받았다. 가령 북위의 균전제(均田制)와 조용조(租庸調), 서위의 부병제(府兵制) 등을 계승했고 율령(律令)을 정비했다. 또 과거를 창시하고 주현제(州縣制) 등의 중앙 집권 체제를 확립했다.

수나라는 황제 중심의 중앙 집권을 목표로 했다는 점에서 진나라 시황제와 한나라 무제의 정책을 계승했다고 볼 수 있다. 삼국 시대에 침체되었던 경제도 수와 당(唐)대에 크게 발전했다.

그림 4-5 **경항대운하**

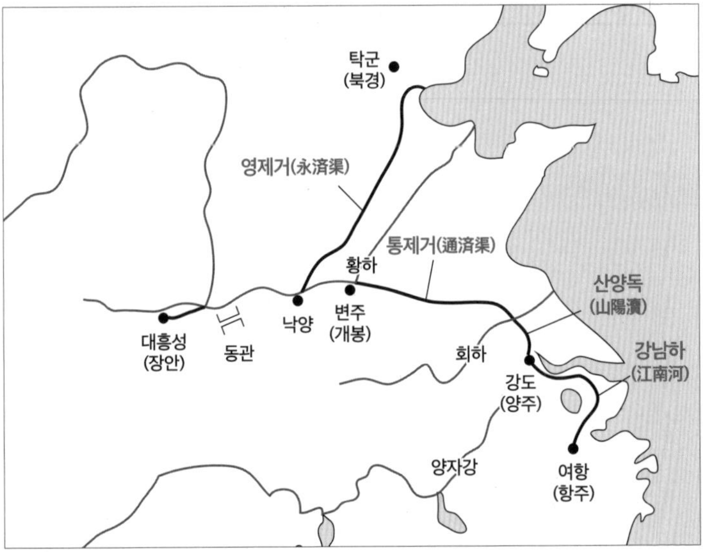

수는 대운하(경항대운하京杭大運河)도 건설했다. 대운하는 초대 황제인 문제가 첫 삽을 뜨고 2대 황제인 양제(煬帝, 604~618년 재위)가 610년에 완공했다. 총 길이 2,500킬로미터에 달하는 운하로 화북과 화남 물류가 하나로 이어지고 두 지역이 하나의 경제권으로 통합되는 결정적인 계기를 맞이했다. 대운하 건설 역시 진의 시황제가 추진한 것과 같은 중국의 단일 시장 형성 정책으로 볼 수 있다.

그러나 대운하 공사에 막대한 인력이 소모되고 건설비가 천문학적인 수치에 달하면서 민심이 피폐해졌다. 여기에 수 양제가 세 번에 걸쳐 고구려 원정에 나섰다 실패하자 민심은 그에게서 등을 돌렸다. 힘겨운 삶을 살아가던 백성들은 곳곳에서 내란을 일으켰고 결국 618년에 수나라는 멸망했다. 역사의 페이지에 새롭게 등장한 당이 수나라의 뒤를 이었다.

6

당에서 원으로
— 더욱 발전하는 중국

수나라 제도를 계승한 당

618년 당나라 건국은 고종 이연(李淵, 618~626년 재위), 태종 이세민(李世民, 626~649년 재위) 부자가 이루어냈다. 당은 정치와 경제 체제 모두 수나라가 닦아놓은 토대를 그대로 이용하는 행운을 누릴 수 있었다.

위진 남북조, 수나라와 마찬가지로 당은 율령제를 채택했다. 쉽게 말해 '황제가 토지와 백성을 지배한다'는 사상을 체계적인 제도로 완성한 것이다. 세제는 조용조제와 균전제를, 병제로는 부병제를 택했다. 그리고 관리 등용 제도로 수와 마찬가지로 과거제를 실시했다. 이는 상당히 중앙 집권 국가의 모습을 갖춘 것으로, 같은 시대 유럽에서는 생각도 할 수 없는 수준이었다.

당은 수가 건설한 대운하 덕분에 화북과 화남 경제권을 통합할 수 있었고 이로 인해 대운하 변에 자리 잡은 변주(汴州)의 지위가 상승했다.

당나라 수도 장안(長安)은 인구 백만이 거주하는, 유라시아 대륙을 통틀어 가장 규모가 큰 도시이자 수많은 외국인이 드나드는 국제 도시였다.

그림5-1 **당나라 영토**

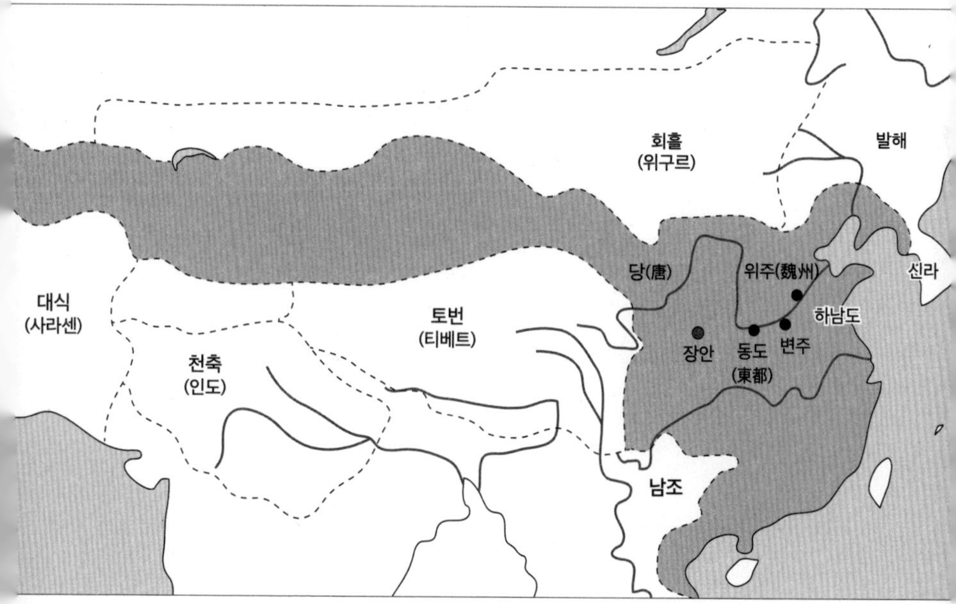

정관의 치(貞觀之治)

당 태종 이세민의 치세는 '정관의 치'라 부르는 태평성대였다. 태종은 수나라 시대 혼란의 여파로 남은 세력을 정리하고 돌궐을 진압했다. 640년에는 서역의 고창국(高昌國)을 멸망시키고 이 지역을 서역 교역의 중요한 근거지로 삼았다(602~664년). 또 이 시대에는 승려 현장(玄奘)이 인도에서 불경(佛經)을 가지고 돌아온 일로 유명하다.

당 태종의 치세가 가능했던 것은 수나라 때 건설한 운하로 경제가 통합되었기 때문이었다. 중국 경제는 대운하 덕분에 한층 풍요로워졌다.

개원의 치(開元之治)에서 당의 멸망까지

당 고종의 황후 측천무후(則天武后, 624~705년)는 690년 중국 역사상 유일한 여자 황제로 등극했다. 측천무후는 국호를 주(周)로 바꾸고 스스로 성신 황제(聖神皇帝)라 칭했다. 측천무후가 세상을 떠난 후 발생한 정치적 혼란을 평정한 왕은 현종(玄宗, 712~756년 재위)이다.

현종의 치세는 '개원의 치'라 일컬어지는 태평성대였으나 현종이 몹시 총애한 양귀비의 친족이 정치 실권을 장악하면서 세상이어지러워졌다. 755년에 절도사 안녹산(安祿山)이 반란을 일으켰고 이 난은 회흘(回紇, 위구르)의 도움으로 763년에 진압되었다.

이후 당은 혼란이 계속되다 907년에 멸망했다. 당 치세의 절반은 안정되지 않고 어지러운 시기를 지냈음에도 당은 다른 나라보다 오랫동안 국가를 유지할 수 있었다. 거듭된 혼란 속에서 국가를 유지할 수 있었던 비결은 당의 탄탄한 경제력에 있었을 것이다.

송의 경제 성장

당이 멸망하자 화북에는 다섯 개 왕조-후량(後梁), 후당(後唐), 후진(後晉), 후한(後漢), 후주(後周)-가, 화중(華中), 화남에는 열 개의 나라-전촉(前蜀), 오(吳), 남한(南漢), 형남(荊南), 오월(吳越), 초(楚), 민(閩), 남당(南唐), 후촉(後蜀), 북한(北漢)-가 어지럽게 권력을 교체했다. 이 오대십국(五代十國)의 혼란을 수습하고 한족 주도로 중국을 통일한 이는 조광윤(趙匡胤, 송 태조 960~979년 재위)이다. 조광윤은 960년에 송(북송北宋)을 건국했다.

송 태조는 과거 최종 시험으로 전시(殿試)를 실시하고 관료제를 정비했다. 그리고 문치주의를 표방하며 황제의 권력을 강화했다. 다만 송의 군사력은 내세울 만한 수준이 아니었다. 그림 5-2를 보면 알 수 있듯 송의 지배 영역은 결코 넓지 않았다.

그러나 송대에는 세계사에서 유례없는 수준의 경제 성장을 이룩했다. 상품 경제가 확립되었고 자원 개발과 기술 혁신이 이루어졌다. 유통이 발전했고 송전(宋錢, 동전)이 주조되어 국내뿐 아니라 국외에서도 사용되었다. 송전은 아마도 아시아에서 가장 널리 사용된 통화였을 것이다.

경제가 성장하면 대량의 통화가 필요해진다. 동전으로 감당하지 못할 수준으로 경제가 발전하자 지폐인 교자를 발행했다. 수도 개봉(開封)은 상업 유통의 중심지가 되었고 지방에는 상업 도시 성격이 강한 진시(鎭市)가 발달했다. 또 상공업자는 각자 행(行)이나 작(作)이라 부른 동업자 조직을 결성했다.

송은 해외 무역도 확대해 해외 무역을 감시하는 관청 시박사(市舶司, 당나라 때인 714년에 최초 설치)가 천주(泉州), 명주(明州), 온주(溫州), 항주(杭州) 등에 설치되었다. 이처럼 송의 경제 성장은 일본의 고도 경제 성장기에 맞먹을 정도로 눈부셨다.

세금 제도로는 균전제와 조용조제를 대신해 780년 당나라에서 최초로 도입한 겨울과 여름에 징수되는 양세법(兩稅法)을 채용했다. 상업의 발전으로 부과된 세금은 화폐로 납부하며 상인은 자산의 규모에 따라 징수되었다.

또한 송대에는 전매 제도가 발전했다. 대상 상품은 소금, 차, 술, 염색용 명반, 외국산 향과 약품이었으며 특히 소금과 술로 큰 수익

교자(交子)

송대에 발행된 세계에서 가장 오래된 지폐.

그림 5-2 송(북송)의 영토

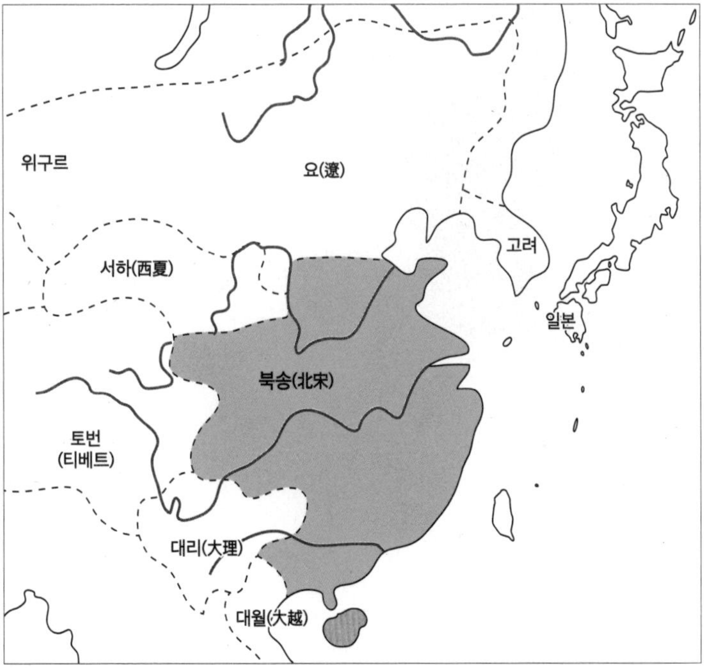

을 얻었다. 소금은 생활필수품이라 세수에서 차지하는 비중이 컸고 술은 도시 인구가 증가하며 생활 수준이 높아지자 소비가 증가했기 때문이다. 또 송대에 이르러 대부분의 사람들이 차를 필수품으로 여기게 됨에 따라 송의 전매제는 소비에 세금을 부과하는 일종의 소비세로 볼 수 있다. 동시대 유럽의 생활 수준은 결코 이에 미치지 못했다.

원대의 중국

1206년 칭기즈칸이 건국한 몽골 제국은 급격히 판세를 키워나가 유라시아 대륙 중앙부를 차지한 대제국으로 성장했다.

인류 역사에서 헤아릴 수 없이 많은 국가가 전쟁을 치렀는데 몽골 제국이야말로 대표적인 전쟁 국가다. 몽골 제국은 수많은 전쟁을 치르는 한편 경제 성장을 촉진하는 제도를 마련하는 데에도 소홀함이 없었다.

그림5-3 **몽골 제국 최대 영토**(13세기)

그림 5-3은 몽골 제국(원元) 최대 영토를 보여준다. 그림에서 알 수 있듯 몽골 제국은 유럽과 아시아에 걸친 대제국이었다. 이 광대한 영토는 전쟁에서 승리를 거두며 얻어낸 결과물이었다. 몽골 제국은 40년 이상 이어진 항쟁 끝에 14세기 초 킵차크, 차가타이, 일이라는 세 한국(汗國)이 원의 대한(大汗, 황제)의 권위 아래에서 느슨하게 연합하며 광대한 제국을 다스리는 체제를 완성했다.

몽골 제국은 제후가 막강한 권력을 가지는 봉건 국가보다 한국의 독립성이 강했고 한국들끼리는 서로 경쟁 관계를 유지했다. 이로써 권력 다툼으로 인한 국가적 손실이 적어 경제적인 국가 운영이 가능했다. 그러나 원의 황제가 종주권을 가짐으로써 제국의 일체성을 유지해나갔다.

경제 성장과 역참제

경제를 발전시키려면 국가는 도로를 비롯한 교통망을 정비해야 한다. 교통망은 경제학에서 말하는 공공재에 속하며 모든 사람이 이익을 얻을 수 있는 자원이기 때문이다. 몽골 제국은 공공재를 매우 효율적으로 공급했다.

원은 전쟁에서 이기는 법을 잘 알고 있었으며 내란이 발생했을 때는 단호하게 진압했다. 그래서 제국 내부는 대체로 평화로웠다. 이 점을 관심 있게 볼 필요가 있다. 예를 들어 국내의 평화를 보여주는 증거로 마르코 폴로가 원의 수도인 대도(大都, 오늘날의 베이징)에서 쿠빌라이 황제를 알현한 사건을 꼽는다.

칭기즈칸이 즉위했을 당시의 지배 영역은 그다지 넓지 않았으나 몽골 고원을 통일한 대제국으로 성장하자 칭기즈칸과 후계자들은 중계 무역으로 얻는 이익에 눈을 돌렸다. 몽골 제국은 통상로의 안전을 중시하고 도로 정비와 치안 확보에 전념했으며 역참제(驛站制)를 도입했다.

쿠빌라이 칸 시절의 역참제를 잠시 살펴보자. 몽골에서는 수도를 중심으로 주요 도로를 따라 40킬로미터마다 민가를 참(站)으로 삼고 관령에 따라 여행하는 관리와 사절 등에게 말과 식량을 제공하게 했다. 참은 필요한 물자뿐 아니라 사람을 제공해 시중들 의무가 있었고 토지세를 면제받았지만 말을 제공해야 했기에 경제적 부담이 만만치 않았을 것이다.

역참제는 수도를 중심으로 유럽과 아시아를 아우르는 규모로 정비되었다. 제국 내의 교통이 안전하고 편리해지자 이슬람 상인

쿠빌라이 칸(Khubilai, 1215~1294)

몽골 제국 제5대 황제(1260~1294년 재위). 국호를 대원(大元)으로 고치고 수도를 카라코룸에서 대도로 옮겼다.

상업 활동 비용을 상인에게 부담시키지 않은 몽골 제국

몽골 제국의 역참제 덕분에 상업이 크게 발전했다. 참의 경제적 부담은 컸으나 상인은 손쉽게 숙박 장소와 말을 수배할 수 있었고 제국 어디에서나 상업에 종사할 수 있었다. 같은 시대 유럽에서라면 산적에게 습격당할 위험을 감수해야 했으며 숙박 시설도 마땅치 않았다.

이 대상(隊商)을 이루어 육로 무역이 활발해졌다. 마르코 폴로도 역참제가 없었더라면 대도까지 찾아오지 못했을 것이다. 역참제는 20세기에 시베리아 철도가 개통할 때까지 유럽과 아시아를 가장 빠르게 오가는 정보 전달 통로 역할을 했다. 이를 통해 몽골 제국의 지배자들이 상업 활동, 나아가 정보 전달을 얼마나 중요하게 인식했는지 가늠할 수 있다.

원대 중국이 얼마나 안전했는지는 아라비아의 여행가 이븐바투타(1304~1368)가 자신의 여행기에서 "중국의 '외국' 여행자를 위한 '치안' 상태는 세계 여러 지역 중에서 가장 안전하다"라고 적은 구절만 보아도 알 수 있다.

해상 무역을 발전시킨 몽골의 힘

마르코 폴로는 『동방견문록』에서 절강성(浙江省)의 항구 도시 항주(杭州)의 번영을 다음과 같이 이야기한다.

주요 지역에는 높은 건물이 즐비하다. 건물의 아래층에는 상점이 있어 각종 수공예품을 만들거나 향신료와 진주, 보석 등을 판다. 쌀에

『동방견문록』
마르코 폴로가 구술로 완성했다는 여행기.

쿠빌라이 칸의 궁궐에 도착한 마르코 폴로

향신료를 넣어 빚은 술만 파는 전문 상점도 있다. 이런 종류의 고급 상품을 파는 상점에서는 항상 신선하고 좋은 제품을 저렴한 가격에 살 수 있다.

항주는 남송의 수도로 임안(臨安)이라 불렸으며 견직물 생산이 발전했다. 원대에 이르러서는 상업 도시로 번영을 누렸다.

복건성(福建省) 천주(泉州)에는 당나라 초기부터 이슬람 상인이 드나들었고 원대에 이르러 남해 무역으로 더욱 번성했다. 이븐바투타는 그의 여행기에서 천주의 풍경을 이렇게 묘사했다. "정박항은 세계의 여러 항구 가운데 가장 규모가 큰 듯하며 소형 선박은 너무 많아 이루 헤아리지도 못할 정도다."

원은 기본적으로 육상 제국이었으나 해상 무역도 활발하게 이루어졌다. 중국의 해상 무역은 당대를 지나 송대에 접어들며 점점 발전하기 시작해 원에서는 한층 성숙한 단계로 나아갔다. 이러한 사실로 미루어 원이 상업을 얼마나 중시했는지 알 수 있다. 정부 차원의 상업 발전 지원은 원 나라 이전의 왕조와 같은 정책 노선을 취했다고 볼 수 있다.

팍스 몽골리카와 유라시아 상업 발전

몽골 제국이라고 하면 전쟁만 벌이는 나라라는 인식이 강하다.

실제로 몽골은 수없이 많은 전쟁을 치렀다. 그러나 유럽과 아시아를 아우르는 영토를 누비는 대제국으로 성장하면 상황이 달라지게 마련이다.

1246년 쿠빌라이 칸은 대도를 수도로 정하고 1271년에 국호를 원으로 고쳤다. 1266년에는 카이두의 난이 발생했다. 쿠빌라이 칸의 즉위에 반대한 칭기즈칸의 증손자 카이두가 불만을 품은 세력을 모아 일으킨 이 반란은 1301년까지 이어지다 카이두가 이끄는 대군이 패배하며 카이두가 사망해 종말을 맞았다.

카이두의 반란을 끝으로 팍스 몽골리카(Pax Mongolica, 몽골의 평화)가 찾아왔다. 유라시아 대륙의 상당 부분이 원의 지배하에서 안정을 찾았고 동서 교류가 활발해지며 상업이 발전했다. 몽골 제국이 만든 평화는 지중해 무역의 증가로 이어졌고 지중해 무역은 인도양과 동남아시아 무역으로 이어졌다. 유라시아 대륙의 상업이 아시아 바다(인도양·동남아시아)와 통합되어 더욱 큰 상업 네트워크를 실현한 것이다.

한족 왕조에서 몽골 제국으로

몽골 제국의 한국이 서로 경쟁 관계에 있었다고 해도 황제가 종주권을 장악한 점에서 원은 중앙 집권을 지향한 국가였다. 원에서는 몽골인 제일주의가 채택되었고 한족은 낮은 지위에 머물러야 했다. 그렇지만 원의 통치 체제는 상당 부분 이전의 중국 왕조를 계승했다는 점에 주목해야 한다. 진의 시황제가 시작해 한의 무제가 완성한 중앙 집권화는 원대에도 여전히 강력했다.

몽골 제국은 상업을 보호했다. 역참제를 채택했을 뿐 아니라 이전 왕조와 마찬가지로 해상 무역을 발전시키려 노력했다. 원의 상업 정책은 이전의 중국 왕조와 판박이처럼 닮았다. 팍스 몽골리카 덕분에 유라시아 대륙의 상당 부분과 아시아 바다의 일부가 통합될 수 있었다.

PART

02

유럽은 어떻게 세계를 제패했나

Nova Totius
TERRARUM
ORBIS
TABULA,
ex officina F. de Wit.
Amstelodami
MARE
ARABICVM
INDICVM
MADAGASCAR
S. LAURENTII
MAR DI
INDIA
HOLLANDIA
NOVA
PER
SIA
ÆTHIOPICVS
MARE DI SALA
BORNEO
YSLANDIA
Golfo de
Bengala

메소포타미아 문명과 이집트 문명이 아시리아 제국에 통합되며 오리엔트 세계가 탄생했고 유럽은 독자적인 문명을 보유하게 되었다.

유럽 문명은 지중해에서 태동했다. 지중해 세계의 주역은 고대 그리스인, 페니키아인, 고대 로마인이었다. 지금껏 페니키아인의 중요성이 과소 평가되곤 했는데 지중해 세계를 하나의 상업권으로 통합한 이가 바로 페니키아인이다.

7세기 무렵 이슬람이 하나가 된 지중해 세계를 침입했다. 이슬람이 유럽에 들어옴으로써 지중해는 더 큰 이슬람 세계의 일부로 기능했다. 중세 유럽의 세계는 이슬람 세력에 둘러싸인 보잘것없는 변방에 지나지 않았다.

바이킹의 활약으로 유럽의 북부와 남부, 즉 북해와 발트해와 지중해가 하나의 상업권으로 통합되었다. 그러나 그때까지도 유럽의 경제 수준은 아시아에 비해 한참 뒤처졌다.

그러던 유럽에 상승 기운이 형성되며 바야흐로 역전의 발판을 마련해갔다. 포르투갈이 희망봉을 돌아 아시아로 향하는 경로를 개척하면서부터 유럽은 맹렬하게 아시아의 뒤를 추격하기 시작했다. 그 이전에 이탈리아가 향신료를 수입했다고 해도 동남아시아의 말루쿠 제도에서 아시아 상인, 이슬람 상인의 손으로 홍해까지 운송된 제품을 이집트의 알렉산드리아에서 이탈리아로 운송하는 데 지나지 않았다.

그러나 포르투갈의 신항로 개척 이후 유럽은 유럽 선박에 상품을 싣고 아시아로 운송하게 되었다. 유럽인은 해로를 통한 물류를 야금야금 장악했다. 나아가 유럽은 대서양 경제 형성에 성공했다. 서아프리카에서 흑인 노예를 신세계로 데려와 그들이 플랜테이션 농업으로 사탕수수를 재배해 생산한 설탕을 내다 팔았다. 대서양 경제 개발로 유럽에 설탕과 커피 등의 소비재가 수입되었고 유럽인의 생활은 한층 풍요로워졌다.

또한 유럽은 정보의 비대칭성이 적고 시장 진입 장벽을 낮춘 사회를 만들었다. 유럽은 대외 진출과 함께 유럽의 상업 체제를 수출했다. 쉽게 말해 유럽은 세계의 구조를 유럽에 유리한 방향으로 재편성했다.

6

고대 지중해 세계

고대 지중해 문명

그리스 문명이라는 말을 흔히 한다. 또 고대 그리스와 고대 로마를 합쳐 '고대 고전'이라고 말하기도 한다. 특히 그리스 문명을 유럽 문명의 원천으로 간주하는 게 일반적이다. 그러나 그리스 문명은 본래 오리엔트에서 곁가지처럼 뻗어 나간 문명이다. 서기전 2000년 무렵 동지중해 연안에서 탄생한 청동기 문명이 에게 문명이며 서기전 1600년 무렵에는 미케네 문명이 탄생했다. 미케네 문명은 서기전 1200년 무렵에 느닷없이 멸망하고 이후 500년에 걸쳐 '암흑시대'라 부르는 공백기가 이어졌다. 이 시기에 그리스 문명이 다시 모습을 드러낸다.

그림 6-1 **고대 그리스**

오리엔트 문명의 영향을 배제하고는 유럽사 연구 자체가 현실적으로 불가능하다. 서구인은 그리스 문명이야말로 유럽 문명의 원천이라고 주장하며 자기 문명 안에 있는 오리엔트 요소를 무시하는 경향이 강하다.

폴리스(도시 국가)는 민주주의의 발상지로 여겨진다. 최고 의결기관은 민회(民會)로 열여덟 살 이상 성인 남성이 참여했다. 민회

암흑시대

서기전 1200년 무렵부터 서기전 800년 무렵까지 문헌 사료가 아주 적은 그리스 시대를 가리킨다.

에는 모든 시민이 참여하는 직접민주제가 채택되었다. 그러나 여성의 참정권은 없었으며 노예 제도가 발달해 요즘 기준의 '민주주의'로 볼 수는 없다.

그리스의 폴리스 가운데 아테네와 스파르타가 유명한데, 사실 이 두 폴리스가 널리 알려졌다기보다 다른 폴리스가 거의 알려지지 않은 것이다. 천 개가 넘는 폴리스 중에서 현실적으로 연구가 이루어진 도시는 아테네가 유일하다. 그리스 폴리스의 상황은 여전히 거의 알려지지 않았다.

페르시아 전쟁

그리스의 폴리스와 페르시아의 아케메네스 왕조가 벌인 페르시아 전쟁(서기전 500~서기전 449년)에 대해서는 고대 그리스의 역사가 헤로도토스의 『역사』에 상세하게 기술되어 있다.

헤로도토스에 따르면 페르시아 전쟁은 전제 정치를 선택한 페르

아테네

그리스 아티카 지방에 있던 고대 그리스의 폴리스. 이오니아인의 집주(集住, synoikismos)로 형성되었다.

스파르타

도리아인이 세운 고대 그리스의 폴리스. 소수의 시민(스파르티아타이Spartiatai)이 다수의 노예(헤일로타이Heilotai)와 반자유민(페리오이코이Perioikoi)을 지배하는 군사 국가였다.

시아의 아케메네스 왕조에 맞서 그리스의 폴리스가 자유를 지키고자 싸운 전쟁이다. 헤로도토스는 거대한 페르시아를 작은 폴리스들이 연합해 무찔렀다는 관점에서 페르시아 전쟁을 바라본다.

그러나 현실에서 페르시아 전쟁은 페르시아와 그리스의 폴리스라는 두 제국주의 세력이 맞붙은 전쟁이었다. 이 무렵 지중해 세계에는 곡물이 부족해 해외 곡창지대에서 곡물을 들여와 식량난을 해결해야 했다. 그리스 폴리스의 식민시(아포이키아Apoikia)가 지중해 곳곳에 흩어져 있었던 까닭도 식량 부족 문제가 한 요인이었다. 그리스의 폴리스가 민주주의의 수호자가 아니라 페르시아와 별반 다르지 않은 제국주의 세력이었다는 사실을 잊지 말아야 한다.

과연 그리스는 승리했는가?

그리스는 페르시아 전쟁에서 치른 몇 번의 싸움(struggle)에서 승리했다. 그러나 최종적으로 전쟁(war)에서 승리했는지를 묻는다면 고개를 가로저을 수밖에 없다.

애초에 페르시아 전쟁은 페르시아라는 대제국 입장에서는 큰 전쟁이 아닌 비교적 작은 사건에 불과했다. 이를 그리스의 관점에서 페르시아와 싸운 대규모 전쟁이라고 보는 사고방식은 유럽인의 자의식 과잉에 지나지 않는다. 게다가 강화조약을 맺었는지조차 불분명하다.

그리스사에서 보면 페르시아의 위협을 아테네가 영리하게 이용했다. 서기전 487년 무렵 페르시아의 재침공에 대비해 여러 폴리스는 아테네를 맹주로 하는 델로스 동맹을 결성하고 본부를 델로스에 두었다. 서기전 454년에는 본부가 아테네로 이동하면서 동맹 자금을 아테네가 자유롭게 사용할 수 있게 되었다.

이러한 아테네의 전횡은 펠로폰네소스 전쟁에서 스파르타를 중심으로 하는 펠로폰네소스 동맹이 아테네에 승리를 거두고 스파르타가 그리스의 맹주로 부상할 때까지 이어졌다.

서기전 4세기 중엽, 테베가 스파르타를 대신해 우두머리가 되었으나 테베가 잡은 패권은 그리 오래가지 못했다. 마케도니아의 필리포스 2세(서기전 359~서기전 336년 재위)가 서기전 338년에 테베와 아테네 연합군을 격파하고 그리스의 지배자가 되었다. 필리포스 2세의 아들 알렉산더 대왕(서기전 336~서기전 323년 재위)은 인더스강에까지 이르는 대제국을 건설하고 그 과정에서 페르시아의 아케메네스 왕조를 무너뜨렸다. 그뿐 아니라 알렉산더 대왕은 그

펠로폰네소스 전쟁(서기전 431~서기전 404)

아테네를 중심으로 하는 델로스 동맹과 스파르타를 중심으로 하는 펠로폰네소스 동맹 사이에 벌어진 전쟁. 펠로폰네소스 동맹이 승리하며 고대 그리스의 중심이 아테네에서 스파르타로 이동했다.

알렉산더 대왕의 원정

마케도니아의 왕 알렉산더 대왕이 서기전 334년부터 서기전 323년까지 단행한 원정. 동쪽 끝은 인더스강을 약간 넘은 지점에까지 이르렀다.

그림 6-2 **페니키아**

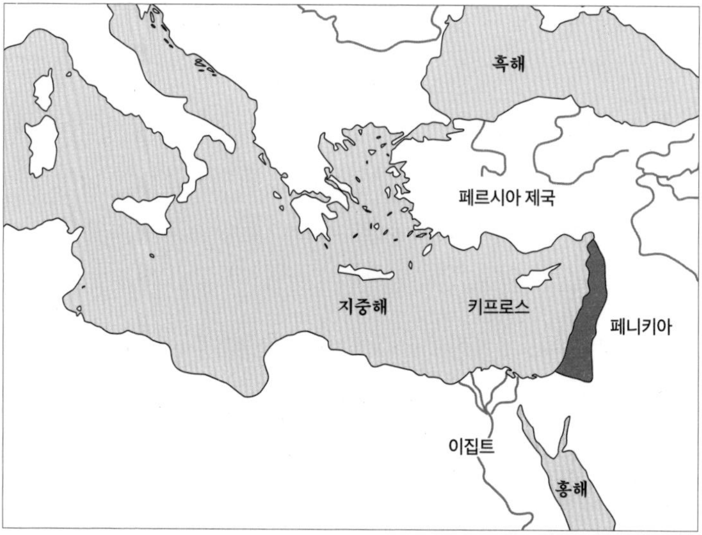

리스의 폴리스까지 제압했다. 알렉산더의 전쟁으로 유럽에서 오리엔트 세력이 소멸되었다.

페니키아인의 등장

페니키아인은 크레타 문명과 미케네 문명(서기전 1600년경~?)이 후퇴한 뒤 지중해 무역을 주도한 민족으로 고대 그리스인과 같은 시대를 살았다.

페니키아인에 대해서는 알려지지 않은 부분이 더 많다. 셈 어족에 속하며 해상 무역에 종사했다는 정도가 확실하게 밝혀진 사실이다. 그들은 아직 상형 문자의 잔재가 남아 있던 고대 알파벳을 개량해 오늘날 알파벳의 원형을 만들었다. 문자 개량은 교역을 위해 추진된 것으로 보인다. 교역은 단순히 몇 마디 말을 주고받았다고 이루어지는 것이 아니라 사용 언어가 각기 다른 민족과 문자로 의사소통이 이루어져야 한다.

페니키아인의 근거지는 지중해 동안에 있었다(그림6-2 참조). 그들은 그곳에서 자라는 레바논삼나무를 이용해 지중해 교역 활동에 진출했다. 페니키아인의 교역권은 지중해 각지에 이르러(그림6-3) 지중해 물류는 서기전 12세기 무렵부터 페니키아인이 지배했다고 볼 수 있다.

고대 로마 못지않게 페니키아인은 넓은 교역망을 형성했다. 지중해 상업은 페니키아인으로부터 시작되었고 이때 지중해 뱃길이 개척되었다. 뒤이어 상권을 넘겨받은 로마인, 이슬람 상인, 이탈리아 상인 모두 페니키아인이 열어둔 뱃길을 활용했다.

셈 어족

아프로·아시아 어족에 속하며 자음은 많고 모음은 적은 특징이 있다.

해운 민족 페니키아인

페니키아인은 상업 민족이며 해운 민족이기도 하다. 당시 이미 서아프리카까지 항해에 성공했고 고대 이집트 왕 네코 2세의 명령으로 홍해에서 출발해 희망봉을 돌아 아프리카를 일주했다고 한다. 대항해 시대 초기에 유럽인이 찾은 몇몇 장소는 페니키아인이 앞서 다녀간 곳이었다.

티레에서 카르타고로

페니키아인이 세운 도시 국가 중 가장 중요한 곳으로 시돈(Sidon)과 티레(Tyre)가 있다. 티레는 고대 이스라엘의 솔로몬(서기전 965~서기전 926년경 재위) 왕 시대에 크게 발전하여 세계 각지의 상품이 모여들었다.

그림 6-3 **페니키아인의 지중해 교역로**

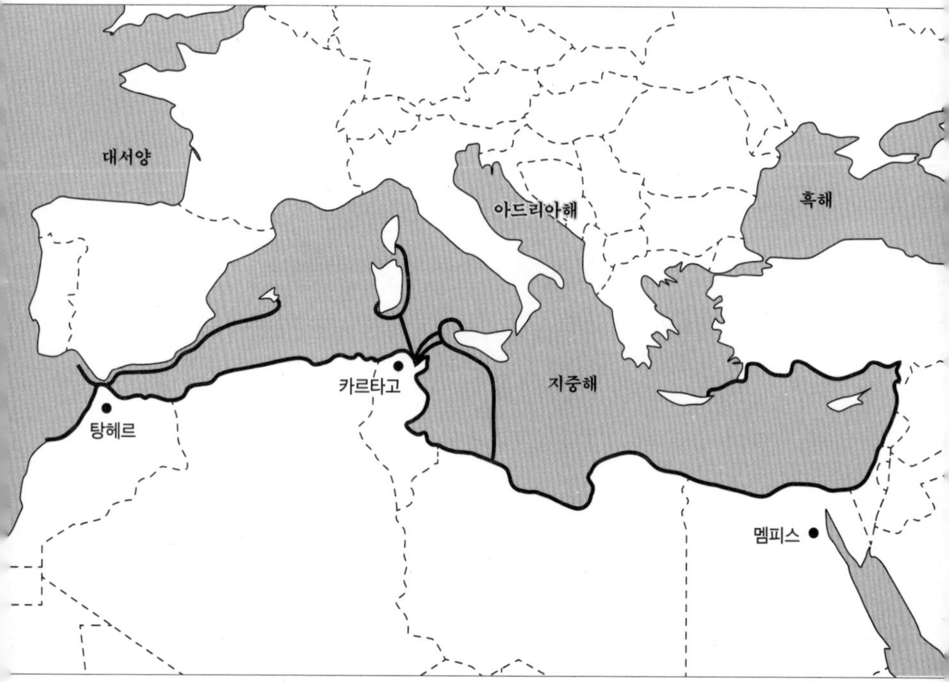

서기전 820년 또는 814년에 페니키아인은 티레에 카르타고를 세웠다. 카르타고는 서기전 6세기 무렵 서지중해 교역의 중심이 되었다. 카르타고 상선은 지브롤터 해협을 건너 오늘날의 영국인 그레이트브리튼섬까지 진출해 주석 등을 구해왔다. 지중해 동쪽에서 아테네가 활약했다면 카르타고는 시칠리아섬, 사르데냐섬, 코르시카섬 등을 장악했다. 이 과정에서 그리스 식민지였던 마살리아(Massalia, 오늘날의 마르세유) 등과 대립각을 세웠지만 그리스인

그림6-4 **서기전 260년 무렵의 카르타고령**

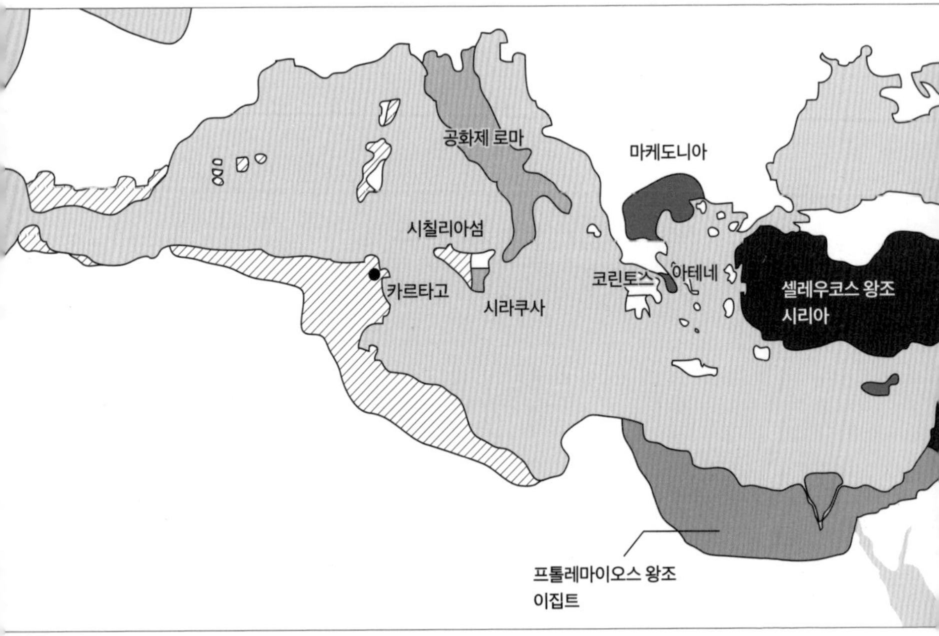

의 세력이 쇠퇴해 별다른 저항은 일어나지 않았다.

고대 그리스와 페니키아의 식민지 분포를 살펴보면 그리스는 동지중해에, 페니키아는 서지중해에 식민지를 두었다. 식민지를 보유했다는 점에서는 고대 그리스와 페니키아는 공통분모를 가지지만, 고대 그리스는 도시 국가에 머무른 반면 페니키아는 고대 로마와 마찬가지로 광대한 영토를 가진 제국을 목표로 했다(그림 6-4 참조). 그러므로 카르타고와 고대 로마의 대결은 필연적일 수밖에 없었다.

카르타고는 이베리아반도에 카르타헤나, 알메리아, 발렌시아, 바르셀로나 등을 세웠다. 또 시칠리아섬의 서쪽 절반을 지배하며 시칠리아섬 동쪽의 그리스 식민지 시라쿠사와 격렬하게 대립했다. 카르타고의 등쌀을 견디다 못한 시라쿠사가 로마에 원군을 요청하자 로마는 시칠리아섬으로 진출할 절호의 기회를 놓치지 않고 카르타고와 직접 대결에 나섰다. 로마와 카르타고의 3차에 걸친 포에니 전쟁(서기전 264~서기전 146년)은 이렇게 시작되었다. 포에니 전쟁은 제국주의적으로 영토를 확대하던 두 국가가 벌인 싸움으로 고대 로마가 승리했다.

고대 이스라엘

구약성서의 아브라함 시대부터 시작되었다고 여겨진다. 서기전 995년경에 다윗이 이스라엘 왕국을 건국했고 그의 아들 솔로몬 시대에 예루살렘 성전을 건립했다. 솔로몬 사후 이스라엘 왕국은 북쪽의 이스라엘 왕국과 남쪽의 유대 왕국으로 분열되었다. 서기전 721년에 이스라엘 왕국이, 서기전 586년에 유대 왕국이 멸망했다.

고대 로마와 페니키아

페니키아인의 교역망은 북해, 지중해, 홍해, 나아가 아프리카 서안에 이르는 광대한 영역이었다.

포에니 전쟁에서 승리한 고대 로마는 아프리카 북쪽 연안을 자국령으로 삼았다. 그리고 이곳을 통해 노예를 이탈리아반도로 들여왔다. 지중해에는 수많은 고대 로마 선박이 항해했으며 그들은 페니키아인과 카르타고인이 개척한 경로를 활용했다.

고대 로마는 지중해에 정치적으로 통일된 제국을 세웠고 지중해는 고대 로마의 앞바다가 되었다. 지중해를 장악하기 위해 로마는 페니키아인이 남긴 교역망을 손아귀에 넣어야 했다. 이런 관점에서 보면 '페니키아인 없이 고대 로마는 없다'는 주장도 성립한다. 페니키아인의 후계자는 로마였다고 할 수 있다.

고대 로마에서도 식량은 여전히 부족했다. 부족한 식량은 아프리카 속주, 특히 이집트에서 조달했다. 식량 운송망은 고대 로마인이 개척한 길이 아니라 페니키아인의 유통망을 활용했다고 추정된다.

고대 로마는 그레이트브리튼섬으로 건너갔다. 영국 진출은 알고 보면 한발 앞서 카르타고인이 이룬 성과였으며 덕분에 로마는

그레이트브리튼섬

영국의 두 섬 중 동쪽에 있는 큰 섬을 가리킨다.

그림 6-5 **고대 로마의 영토 확대**

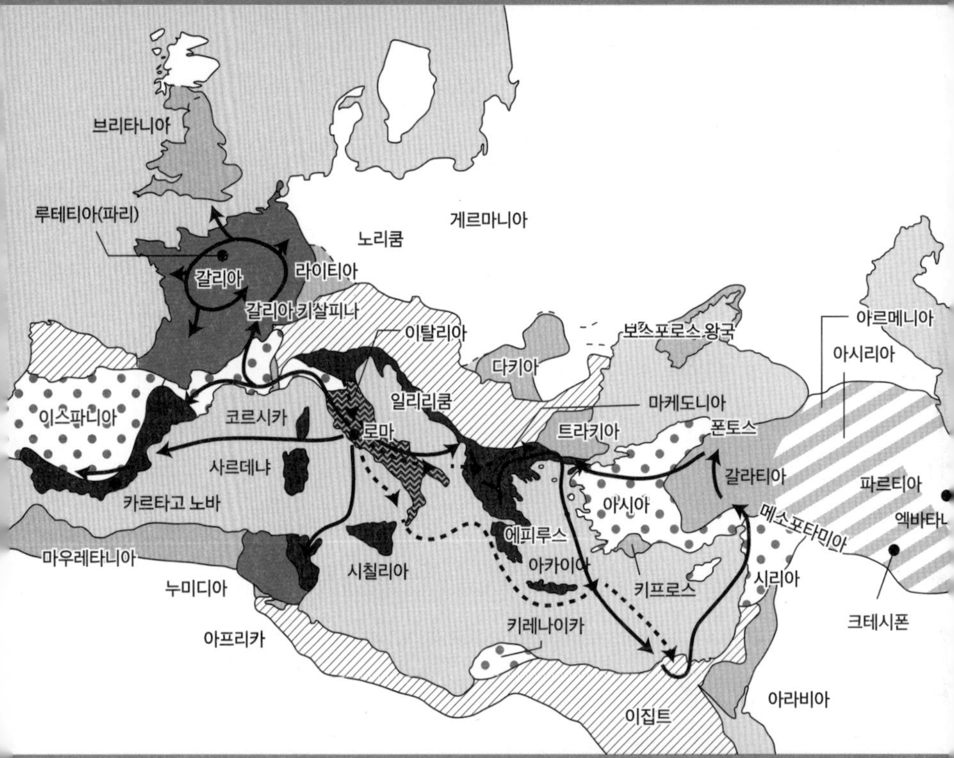

포에니 전쟁까지 로마의 영토(서기전 264년)

포에니 전쟁 종결 때 획득(서기전 146년)

제1차 삼두정치까지 획득(서기전 60년)

제2차 삼두정치까지 획득(서기전 43년)

아우구스투스 황제 서거까지 획득(14년)

로마 제국 최대 영토

카이사르의 진로

옥타비아누스의 진로

브리튼섬을 통치할 수 있었다.

그림 6-5는 고대 로마의 영토 확장을 보여준다. 고대 로마는 서기전 753년에 건국해 서기전 509년까지 왕정을 유지하다 이후 공화정으로 전환했다. 그리고 서기전 27년에 아우구스투스(서기전 27~서기 14년 재위)가 제정을 수립했다. 이 사이 로마는 거의 일관되게 영토를 확장했는데, 이는 지중해 세계에서 카르타고의 상업망을 이용했기에 가능했다.

고대 로마의 최대 판도는 트라야누스 황제(98~117년 재위) 시대에 실현되었다. 그중에서도 아프리카, 이스파니아령(이베리아반도)은 원래 카르타고의 영토였다. 이러한 측면에서 보면 포에니 전쟁은 신흥국인 고대 로마가 카르타고에게서 서지중해의 패권을 빼앗은 전쟁이라고 규정할 수 있다.

페니키아인의 영향

포에니 전쟁에서 패배한 카르타고의 사료는 고대 로마군이 대부분 폐기해 문헌으로 남아 있는 것은 매우 희귀하다. 페니키아인과 카르타고를 다룬 이번 장의 내용은 고고학적 유적 발굴로 찾아낸 결과이기에 앞으로 바뀔 가능성이 크다.

이 사실을 알고 나면 유럽의 고대사 연구는 지나치게 고대 그리스와 로마 연구에 편중되어 있음을 깨닫게 된다. 아무리 사료가 적더라도 페니키아인의 역할이 너무 과소평가되었다는 느낌이 든다.

페니키아인은 수많은 식민지를 건설했다. 고대 그리스와 동시대 사건이었다. 페니키아와 고대 그리스의 식민지 양상은 달랐다. 고대 그리스는 도시 국가에 머물렀고 페니키아는 영역 국가를 지향했다. 통치 체제도 페니키아인이 고대 로마에 큰 영향을 주었을 가능성을 고려해야 한다.

게다가 페니키아인은 지중해 물류를 지배했다. 아마도 고대 로마는 그 물류를 영리하게 이용해 지중해를 '로마의 앞바다'로 삼았을 것이다.

고대 지중해 세계는 고대 그리스인과 고대 로마인뿐 아니라 페니키아인이 함께 형성한 세계였다.

7

중세 유럽과 이슬람 세계

고대 지중해 세계는 붕괴했을까?

고대 로마 제국에서 게르만인은 용병과 콜로누스로 일했다. 그런데 375년 이후 훈족(흉노로 추정하기도 한다)에 밀린 게르만인이 로마 제국 영내로 들어오며 고대 로마가 달라지기 시작했다. 로마는 하루아침에 사라지지 않았다. 현실에서는 게르만인이 고대 로마 문화를 받아들였고 고대 로마 문화가 476년을 기점으로 자취를 감추었다고는 볼 수 없다.

3~7세기 무렵은 '고대 말기'라고 할 수 있다. 이 시기 고대 로마 제국은 군사력을 배경으로 황제가 난립한 '군인 황제 시대'(235~284년)를 거쳐 7세기 이슬람 세력의 지중해 침입을 맞는

다. 고대 말기의 종말은 이슬람의 대두와 겹친다.

오늘날에는 지중해 세계가 고대 로마 제국이 멸망한 476년에 종말을 고했다고 보지 않는다. 대신 게르만족 왕조인 메로빙거 왕조(481~751년)와 카롤링거 왕조(751~987년) 사이에 단절이 이루어졌다고 추정한다.

메로빙거 왕조까지 계속 이어지던 고대 로마의 지중해 상업이 카롤링거 왕조에 들어서면서 중단되었다. 이는 고대 로마인, 즉 유럽인이 지배한 지중해 세계가 막을 내리고 카롤링거 왕조 시대에 이슬람교도가 지배하는 바다로 패권이 넘어갔음을 의미한다.

7세기는 이슬람의 세기였다. 610년에 마호메트가 이슬람교를 창시하자 그 가르침은 들불처럼 빠르게 번져나갔다. 이슬람 세력은 강했고 지중해는 이슬람 세력이 접수했다. 그러나 이슬람교도가 지중해를 완전히 장악한 것은 아니었으며 유럽 상인 사이의 교역은 계속 이루어졌다. 이슬람 국가는 서유럽에서 노예를 수입했다. 예를 들면 프랑스 베르됭과 이슬람의 지배를 받은 에스파냐 사

게르만인

인도·유럽어족 중 게르만어파에 속하는 민족. 게르만 민족 대이동이 시작된 375년 무렵에는 북인도, 유틀란트반도, 스칸디나비아에 주로 거주했다.

용병

자신이 소속된 국가나 지역과 무관하게 돈을 받고 고용된 병사.

콜로누스(Colonus)

고대 로마 제국 말기의 소작인. 4세기 초 콜로누스는 자유롭게 이동할 수 없는 반자유민이었다.

이에 이루어진 노예 무역이 대표적이다.

여기서 중요한 것은, 이슬람 세력의 대두로 지중해에서 이문화 사이의 교역(문화와 종교가 다른 사람들 사이에 이루어지는 교역)이 발전했다는 점이다. 지중해는 로마 가톨릭교도, 비잔틴 제국(그리스 정교회) 상인, 그리고 이슬람교도가 공유하는 바다가 되었다. 다양한

그림 7-1 **우마이야 왕조의 영토 확대**

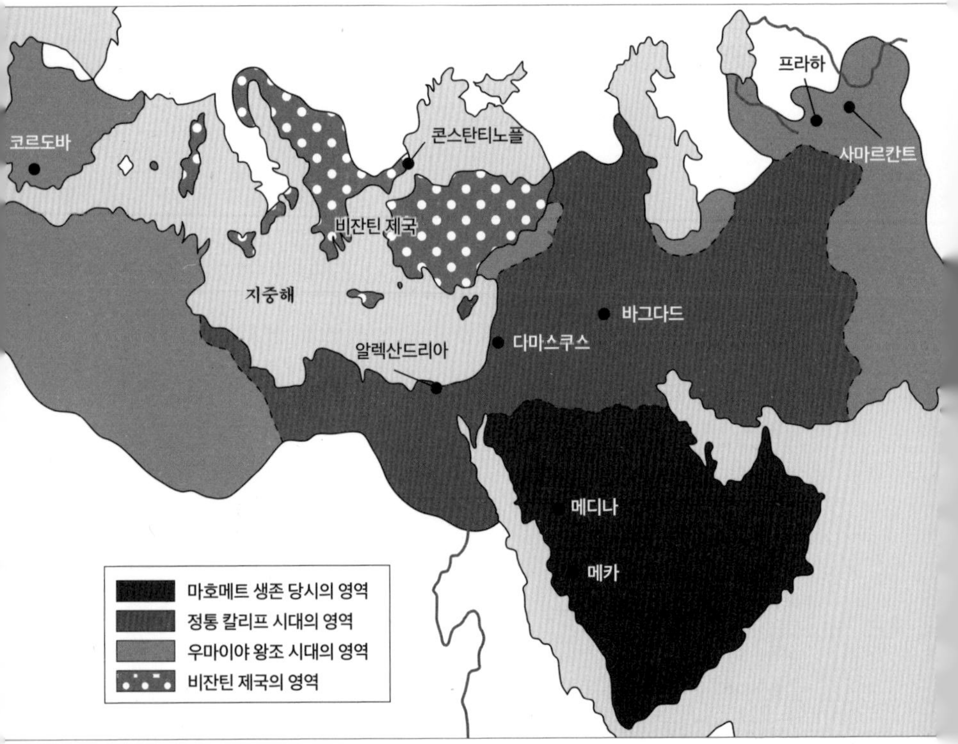

종교를 가진 사람들 사이에 이루어진 다채로운 무역이 지중해 세계의 특징이다.

이슬람 상인과 유럽 상인 사이에 교역이 이루어지기는 했어도 이슬람 세력이 아프리카 북부를 완전히 장악하면서 고대에 존재하던 지중해 세계의 통일성은 상당히 약해졌다. 그러나 이탈리아 상인과 이슬람 상인이 서서히 거래를 트면서 중세 지중해에서 이문화 사이의 교역이 시작되었다. 이슬람 상인과 유럽 상인의 교역은 그 이전부터 당연히 존재했을 것이다. 이슬람과 기독교 국가 간 전쟁이 벌어졌어도 이슬람 상인과 기독교 상인의 상업 거래는 이루어졌을 공산이 크다.

바이킹의 중요성

이제 유럽 북부로 눈을 돌려 바이킹의 역할을 살펴보자. 바이킹은 주로 약탈자로 알려졌으나 교역자로도 활약했다. 대체로 약탈과 교역을 엄밀하게 구별할 수 없거니와 중세에는 그 구분이 더욱 모호했다.

비잔틴 제국

동로마 제국(395~1453년)이라 부르기도 한다. 서유럽이 가톨릭교를 믿은 반면 비잔틴 제국에서는 그리스 정교회가 만들어졌다.

최근에는 바이킹이 건설한 여러 도시 유적이 발굴되며 그들이 교역자였다는 주장을 뒷받침하고 있다. 가령 스웨덴 스톡홀름에서 서쪽으로 약 29킬로미터 떨어진 곳에 자리한 비르카섬의 비르카, 덴마크 유틀란트반도 끄트머리에 있는 헤데뷔(하이타부), 영국의 요크, 아일랜드해의 더블린, 프랑스의 루앙 등이 바이킹이 만든 도시에 가까운 집단 거주지이며 교역의 거점으로 알려졌다. 이들 도시를 중심으로 바이킹 시대의 스칸디나비아 사회는 경제적·사회적 유동성이 높았다.

762년 바그다드가 아바스 왕조의 새로운 수도가 되면서 장거리 무역 경로가 완성되었다. 바이킹은 발트해, 흑해, 그리고 카스피해를 연결하는 큰 강을 따라 동쪽으로 이동했다. 북쪽에서 가져온 모피와 노예는 볼가강 유역 여러 도시의 시장에서 팔렸다. 그 대가로 근동과 중앙아시아에서 향신료, 비단, 무기, 갑주, 특히 은화가 발트해, 북해 연안으로 흘러들었다.

이처럼 지중해뿐 아니라 북유럽에서도 이문화 사이의 교역이 활발해졌다. 이 새로운 교역의 장마다 빠지지 않고 등장해 감초 역할을 한 이들이 바로 바이킹이다.

상업과 약탈 행위

상업 행위와 약탈 행위를 명확하게 구별하는 것은 불가능하다. 해적은 상인으로서 상행위에 종사하는 한편 약탈도 일삼았다. 이는 상인 스스로 무기를 조달해야 했던 시대에 당연한 전제였는데 무기를 가진 상인은 약탈자로 돌변할 가능성이 높았기 때문이다. 국가 제도가 정비되고 국가가 무력으로 상업을 보호할 필요성이 생겼을 때 해적이 사라졌다는 것이 이러한 사실을 뒷받침한다.

그림 7-2 **바이킹의 교역 거점**

노르만인

바이킹은 노르만인이라고도 불렸다. 노르만인은 여러 지역을 침략했는데 약탈과 교역이 떼려야 뗄 수 없는 관계라고 가정한다면 노르만인의 정복은 노르만인의 교역 확장을 뜻한다고 보아도 좋을 것이다. 노르만인의 정복지와 이동 경로를 표시한 그림 7-3을 보면 노르만인은 주로 해로를 따라 유럽의 몇몇 지역으로 이동

그림 7-3 **노르만인의 정복지와 이동 경로**

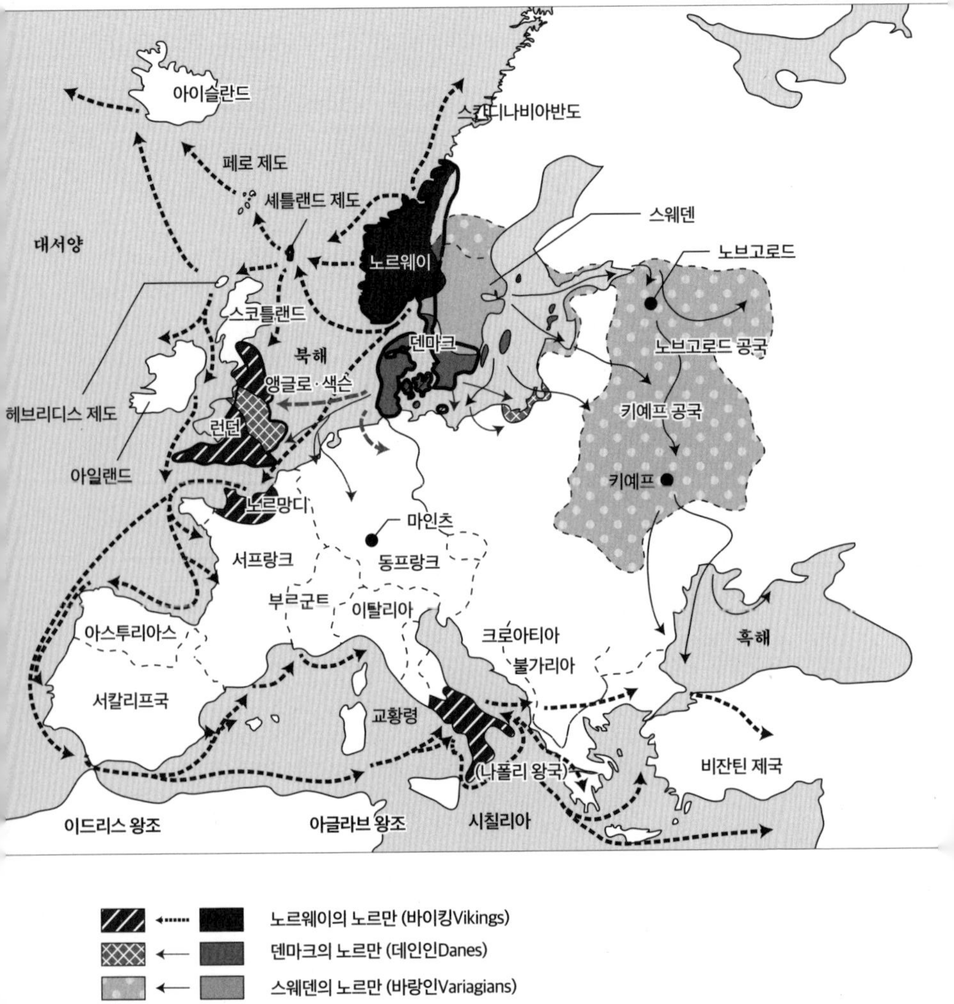

했음을 알 수 있다.

바이킹 혹은 노르만인은 영속적인 국가를 건설하지 않았다. 그들의 행위는 약탈 혹은 교역에 치중되어 있었을 뿐 국가 통치 체제 형성에는 관심이 없었기 때문이다. 노르만인이 구축한 상업 체계는 유럽의 느슨한 통합에 이바지했다. '느슨한'이라는 수식어를 굳이 사용한 까닭이 있다. 애초에 그들의 국가는 인적으로 끈끈하게 연결되어 있었고 한 왕이 서거하면 국가 자체가 붕괴하기 쉬운 속인주의 국가를 형성했기 때문이다.

노르만인은 북방의 바다에서 해로를 이용해 지중해로 침입했다. 사실 이 경로는 나중에 북유럽 각국이 지중해로 진출하고 해군을 육성할 때 이용하는 길이 되었다. 노르만인은 후대에 영국, 네덜란드, 스웨덴이 지중해로 진출하는 경로를 개척한 셈이다.

아바스 혁명의 영향

앞에서 살펴본 유럽의 상업 활동은 이슬람 세력의 유럽 진출과 밀접하게 연관되어 있다.

이슬람교를 창시한 마호메트의 시대(622~632년)가 끝나고 정통 칼리프 시대(632~661년)가 이어졌다. 정통 칼리프 시대란 마호메트의 후계자인 칼리프가 정당하게 선출되어 마호메트의 가르침을 엄격하게 지키던 시대를 말한다. 이 시기에는 지하드(성전聖戰)가

행해졌고 영토가 서아시아까지 확장되어 시리아, 이집트, 이란을 정복했다. 그러나 아랍인이 아니라면 이슬람교도라도 인두세(지즈야)와 토지세(하라즈)를 내야 했다.

아바스 왕조(750~1258년) 대에 이르러 이슬람 왕조는 비약적으로 발전했다. 정통 칼리프 시대와 우마이야 왕조(661~750년)는 '아랍인'의 이슬람 왕조였으나 아바스 왕조는 아랍인의 특권을 부정하고 비아랍인이 지즈야를 낼 필요가 없어졌다. 아바스 왕조는 아랍인의 왕조가 아니라 이슬람교도가 세운 왕조로 탈바꿈했다. 이를 '아바스 혁명'이라고 한다.

지중해는 다양한 문화를 포함하는 교역권의 일부가 됨으로써 중앙아시아부터 유럽에 이르는 세계가 하나의 광대한 상업 공간으로 거듭났다. 지중해의 네트워크는 이슬람 세력의 대두로 더욱 확장된 것이다. 아바스 왕조의 최대 권역을 표시한 그림 7-4를 보면 유럽이 광대한 네트워크의 일부로 편입되었음을 알 수 있다.

11~12세기 북이탈리아의 베네치아와 제노바 등의 상인이 레바논 교역을 담당하면서 향신료 등을 유럽에 들여왔다. 또한 북이탈리아의 상인은 플랑드르를 중심으로 한 여러 북유럽 도시의 교역에 나섰다. 이로써 이탈리아와 북유럽을 잇는 내륙 교역로가 발달

베네치아

8세기 아드리아해에서 건국해 12세기 이후 향신료 수입으로 세력을 키웠다. 15세기 말에 전성기를 맞이했으나 국민 국가의 대두로 태생적 한계가 있는 도시 국가인 베네치아 공화국은 쇠퇴했고 1797년에 오스트리아령으로 편입되었다.

이슬람 양식 건축물

그림 7-4 **아바스 왕조의 최대 권역**

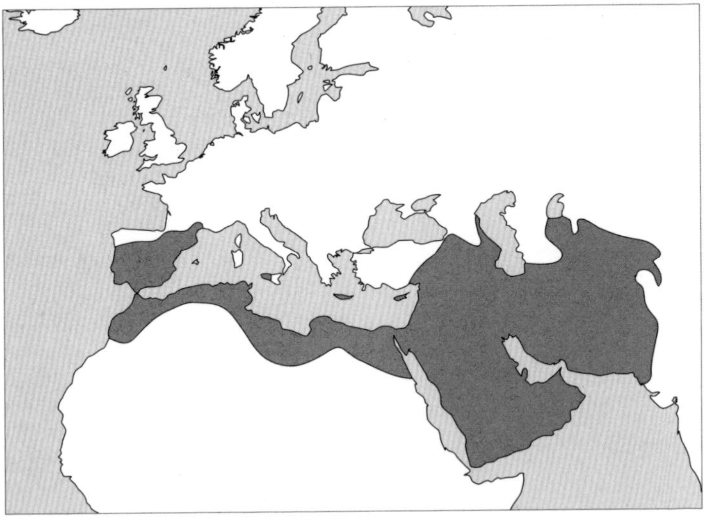

하는 동시에 프랑스 북동부 샹파뉴에서 정기 시장이 열리는 등 내륙 도시가 발전했다. 북해와 발트해에서는 한자 동맹의 활동이 활발해졌고 북해와 발트해부터 지중해에 걸친 상업 활동이 활성화되었다.

유럽사에서는 이러한 현상을 '상업의 부활'이라고 한다. 상업의 부활로 도시 인구가 증가해 도시도 부활했다. 내륙 교통로와 도시

한자 동맹

12~17세기 독일 북부와 발트해 연안의 여러 도시가 주도적으로 참여한 상업 연합.

의 발전을 촉진한 원동력은 바이킹(노르만인)의 상업 활동이었다. 바이킹의 활동으로 북해와 발트해에서 상업 활동이 활발해졌고 이후 한자 동맹의 상업 활동으로 이어진 것이다. 유럽의 이러한 경제 성장은 이슬람 세력 경제권의 일부가 되면서 가능해졌다는 사실에 초점을 맞추어야 한다.

아바스 왕조의 성립으로 지중해와 발트해는 각각 아바스 왕조와 상업적으로 접점을 가지게 되었다(다만 어디까지나 느슨한 연결에 지나지 않았다). 그러나 지중해와 발트해는 아직 직접 이어지지 않았다는 사실을 염두에 두어야 한다. 즉 이 두 바다 사이를 항해하는 선박이 있었다고 하더라도 아주 소수에 불과했다.

유럽은 아바스 왕조의 압박을 받았다. 따라서 유럽의 상업권은 국제적으로 본다면 상당히 좁은 영역에 머무를 수밖에 없었다. 유럽은 비잔틴 제국을 제외하면 아바스 왕조를 통해서만 그 이외의 지역과 접촉할 수 있었다.

따라서 중세 유럽의 세계적 지위를 과대평가해서는 안 된다. 경제가 성장하고 상업이 활발해졌지만 유럽 내부에만 영향을 미치는 수준이었다. 동시대 중국은 아시아 여러 지역에 광범위하게 영향을 미쳤다. 이 시대 유럽의 경제권은 아직 미약했다. 그러다 서서히 확대되는 과정이 바로 유럽의 대외 진출과 맞물렸다.

8

이탈리아에서 포르투갈로
— 유럽의 무역 변화

선진 지역 이탈리아

'상업의 부활'로 이탈리아는 유럽 경제를 앞에서 이끄는 선진 지역으로 거듭났다. 로마 교황 인노켄티우스 3세(1198~1216년 재위)의 제창으로 이루어진 4차 십자군(1202~1204년)에서 베네치아가 주도권을 쥐며 예루살렘이 아닌 상업 분야의 숙적이던 콘스탄티노플을 함락시켜 상업권이 확대되었다. 베네치아는 이탈리아 상

십자군

11세기 말부터 13세기 초까지 성지 예루살렘을 이교도인 이슬람 세력에서 탈환하고자 일으킨 원정. 총 일곱 번에 걸쳐 십자군을 파견했고 한때 예루살렘 탈환에 성공했으나 최종적으로는 목적을 달성하지 못했다.

업력이 유럽에서 막강한 세력으로 성장했음을 보여주는 적절한 사례다.

그러나 이탈리아의 경제력을 과대평가할 일은 아니다. 이탈리아는 피렌체의 메디치가를 보면 알 수 있듯 금융업을 중심으로 상황에 따라 국왕에게까지 돈을 빌려주었다. 그리고 다른 나라보다 한발 앞서 은행 제도가 발전해 세계 최초의 은행인 산 조르조 은행이 1407년 제노바에 창설되었다.

다만 당시 이탈리아의 은행 제도는 오늘날과는 달랐다. 환전과 대출, 투자 기능은 크게 발전했지만 금융 중개 기능(사람들이 맡긴 돈을 회사에 빌려주는 기능)은 발달하지 않았다. 오늘날의 은행과는 분명히 다른 체계로 돌아갔다.

또 이탈리아는 이른 시기에 해상 보험업이 발전한 것으로 알려졌다. 그러나 반드시 갖추어야 하는 확률 이론이 빠져 있어 발전에 한계가 있었다. 보험업에 필요한 확률 이론으로 대수 법칙이 있다. 이 법칙은 주사위를 던져 1부터 6까지의 숫자가 나올 확률은 각각 6분의 1이지만 그 확률을 확인하려면 주사위를 여러 번 던져야 한다는 이론이다.

어떤 사고가 어느 정도의 비율로 발생할지 알지 못하면 진정한 보험업이라고 할 수 없다. 이와 관련된 지식이 없었다면 보험을

메디치가

이탈리아 피렌체의 은행가로 실질적 지배자였으며 다양한 예술가를 후원해 르네상스를 꽃피웠다.

들 때 발생하는 현실의 위험은 알 수 없기 때문이다. 이탈리아에는 16세기까지도 확률 계산법이 정확하게 알려지지 않았다.

게다가 중세에는 회사가 특정한 목적을 위해 조직되어 목적한 사업이 완료되면 해산하는 게 일반적이었다. 그래서 오래도록 자리를 지키며 이익을 얻으려 하는 오늘날의 회사와는 위험 분산에 관한 생각이 근본적으로 달랐다. 대수 법칙 같은 확률 이론은 사업의 영속화를 전제로 하지 않은 사회에서는 제 기능을 하지 못한다.

이탈리아에서 발전한 보험업은 그 자체로 근대적인 보험업으로 자리 잡지 못했다. 그러므로 이탈리아의 보험업과 현재의 보험업을 동일시할 수 없다. 이탈리아 경제가 몰락하고 상당한 세월이 지난 19세기에 들어선 후에야 겨우 기초적인 확률 이론을 이용한 수학 지식이 보험업계에 뿌리내리기 시작했다.

따라서 은행업과 보험업 양쪽에서 이탈리아의 발전 자체에 결정적 한계가 있었다고 볼 수밖에 없다. 중세와 근세 이탈리아의 경제 체제는 그대로 근대적 체제로 발전하지 못했다.

이탈리아의 보험과 한자 동맹의 선박 공유 제도

한자 동맹이 활약한 북해와 발트해 지역에서는 지중해와 달리 해상 보험이 발전하지 못했다. 대신 사업을 할 때 배 한 척에 몇 명이 공동 출자해 부담을 줄이고 지분을 나누어 가지는 선박 공유 제도가 발달했다. 지분 보유자 가운데는 일반적으로 선장이 포함되었다. 보험을 발전시키지 않은 한자 동맹 상인은 이탈리아 상인에 비해 상업을 발달시키지 못했다고 볼 수 있다. 그러나 선장을 지분 보유자로 삼아 항해에 책임을 지도록 만들었다. 이는 위험을 경감시킨다는 점에서 이탈리아의 보험보다 뛰어난 제도라고 할 수 있다.

유럽의 향신료 수입

실크로드라고 하면 일반적으로 아주 활발한 교역로가 연상된다. 그러나 실제 실크로드는 오솔길 수준의 좁다란 길이었고 그 길을 오가며 나르는 상품의 양은 결코 많지 않았다.

그러나 바다의 실크로드로 범위를 확장하면 이야기가 달라진다. 향신료가 동남아시아의 말루쿠 제도에서 인도양, 홍해를 지나는 기나긴 항로를 거쳐 이집트에서 이탈리아 선박으로 운송되었다. 육상 실크로드와 해상 실크로드, 양방향으로 이루어진 아시아와 유럽의 교역로는 그림 8-1을 보면 한눈에 들어온다.

중세 이탈리아 번영의 상당 부분은 이 향신료 무역에 의존했다. 일반적으로 유럽으로 수입된 향신료는 전체 생산량의 30퍼센트 정도로 추정된다. 향신료 시장으로서 유럽은 협소했고 더구나 유럽 내부에서만 운송을 담당한 이탈리아의 역할은 세계적인 관점에서 보자면 꽤 미미한 것이었다. 14세기 세계 전체에서 이탈리아가 맡은 역할은 결코 크지 않았다. 따라서 이 부분에서도 이탈리아 경제의 중요성을 과대평가하지 않도록 주의해야 한다.

유럽은 아시아에서 향신료를 수입해야 했다. 반면 유럽이 아시아에 수출할 수 있었던 물품은 거의 없었음에도 아시아와 유럽 사

실크로드

중국과 유럽을 연결하는 교역로. 비단이 가장 귀중한 교역 상품으로 거래되었다.

그림 8-1 **육지와 바다의 실크로드**

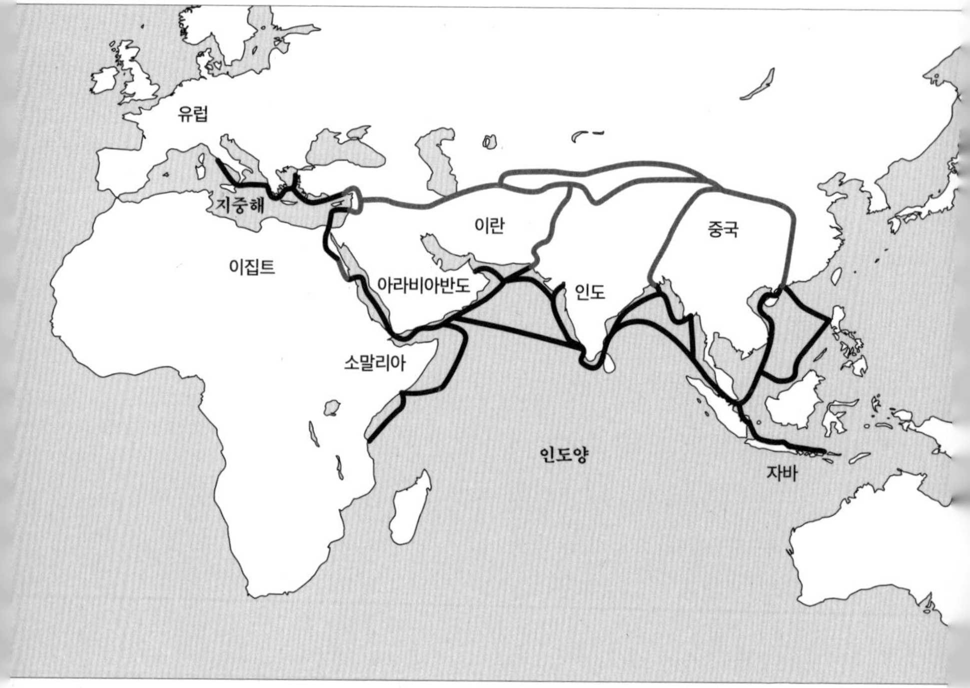

이의 무역은 매우 오랫동안 유지되었다. 19세기 초까지 유럽 최대의 공업 제품은 모직물이었고 기본적으로 기후가 온난한 아시아에서는 유럽산 모직물의 수요가 없었다. 유럽은 아시아와의 무역 수지 적자를 보충하기 위해 은을 수출하는 수밖에 없었다. 무역 수지 기준에서 보면 아시아가 유럽보다 경제력이 있었다고 판단할 수 있다.

그러다 1498년에 포르투갈인 바스쿠 다가마가 희망봉을 돌아 인도로 항해하는 경로를 발견하면서부터 상황이 달라졌다. 다만 곧바로 이 경로로 향신료가 대량으로 유럽으로 들어오지는 못했다.

표 8-1은 동남아시아에서 유럽으로 수출한 후추의 양을 어림잡아 계산해 보여준다. 16세기에는 아직 케이프 루트(희망봉을 도는 경로)의 수송량이 압도적으로 많지 않았고 1621년이 되어서야 케이

표 8-1 **동남아시아에서 유럽으로 들어온 후추 수출 양 추정치**

(미터톤)

시대	케이프 루트	레반트 루트	합계	동남아시아에서부터
1379-89		62	150	0
1391-99		732	800	
1404-05		278 (V)	500	0
1497-98		566 (V)	800	100
1501-06	586	294	880	100
1517-31	1,174	125	1,300	300
1547-48	1,506	500	2,000	600
1560-64	1,200	1,500	2,700	1,300
1582-90	1,170	1,600	2,800	1,400
1621-22	2,718	300	3,000	1,800
1641-53	2,693 (DE)	0	3,300	2,200
1670-78	5,528 (DE)	0	6,000	4,000
1680-86	3,191 (DE)	0	3,700	2,500

주: V=베네치아 선적 선박 DE=네덜란드 선적 선박과 영국 선적 선박

출처: Anthony Reid, "An 'Age of Commerce' in Southeast Asian History", *Modern Asian Studies*, Vol. 24, No. 1(Feb. 1990), p. 16, Table 2.

프 루트가 확실히 독점하게 되었다.

이제 이탈리아 대신 포르투갈이 유럽 향신료 운송의 주역으로 부상했다. 이 사실은 이탈리아가 향신료 운송에 생각보다 큰 비중을 차지하지 않았음을 방증하는 결과이기도 하다. 만약 이탈리아의 역할이 컸다면 포르투갈이 이탈리아의 역할을 온전히 대신할 수 없었을 터인데, 이탈리아 상인은 유럽으로 들어오는 향신료 운송의 일부를 맡았던 데 불과했기에 이 기나긴 연결 고리에서 간단히 배제될 수 있었다.

포르투갈인은 이탈리아인과 달리 향신료를 직접 자국 선박으로 말루쿠 제도에서 유럽까지 운송할 수 있었다. 포르투갈의 뒤를 이어 네덜란드, 영국, 덴마크 등이 후발 주자로 뛰어들어 자국 선박으로 아시아 상품을 수입했다. 이 부분에서 이탈리아는 눈에 띄게 뒤처졌다. 더욱이 유럽 각국은 점점 자국 선박을 이용해 자신의 제품을 아시아로 수출하는 길을 열었다. 아시아 해운업에 유럽이 적극적으로 참여하는 형세가 갖추어진 셈이다.

중세의 지중해는 누가 뭐래도 유럽 경제의 선진 지역이었다. 그

바스쿠 다가마(Vasco da Gama, c. 1460~1524)

포르투갈 출신의 항해자이자 탐험가로 1498년에 인도의 캘리컷(Calicut, 오늘날의 코지코드)에 도착해 인도 항로 개척의 선구자가 되었다.

희망봉

아프리카 대륙 케이프반도 끄트머리에 있으며 최남단에 가깝다.

바스쿠 다가마

러나 고대부터 활발한 교역이 이루어지면서 해운 자재 벌채가 심했고 조선(造船)에 필요한 삼림 자원이 고갈되기 시작했다. 지중해에서 목재는 한번 벌채되면 다시 재생되지 않았다. 고대부터 교역이 활발했던 대가를 근대에 들어 톡톡히 치러야 했다.

포르투갈 제국의 대두와 상인

유럽과 아시아와의 접점을 만들어내는 역할은 이탈리아에서 포르투갈로 넘어갔다.

포르투갈은 인도를 비롯해 동남아시아에 식민지를 세웠다. 그러나 차츰 상당수의 식민지를 네덜란드와 영국에 빼앗겼고 아시아에서 포르투갈의 지위는 급격하게 곤두박질쳤다.

그런데 최근에는 상인이 직접 조직을 꾸려 상업권을 확대한 것으로 보며 포르투갈 제국은 '상인의 제국'이었다고 인식하는 경향이다. 설령 포르투갈이 영토를 상실했어도 포르투갈인은 상업 활동을 계속할 수 있었다. 또 19세기 초에 이르기까지 페르시아만에서부터 마카오에 걸친 지역에서는 포르투갈어를 공용어로 사용했다.

포르투갈 상인은 왜 아시아에서 활약했을까?

인도양에서든 동남아시아에서든 아시아의 바다에서는 다양한 종교와 종파에 속한 상인들이 모여들어 서로 다른 문화 사이의 교역이 활발하게 이루어졌다. 이슬람 상인, 힌두교도, 구자라트 상인이 인도양에 있었고, 동남아시아에서는 불교도와 화교까지 가세했다.

이처럼 다채로운 상인 가운데 포르투갈 상인도 있었다. 다양한 문화 간의 교역이 활발히 이루어지는 바다일수록 포르투갈 상인이 진출해도 거부감이 없었다. 포르투갈을 포함한 유럽의 대외 진출에는 비공식 네트워크가 매우 큰 역할을 했는데 예수회로 대표되는 선교 활동도 비공식 네트워크와 밀접하게 연관되었다.

포르투갈이 서유럽 열강 사이의 경쟁에 패배해 쇠퇴했다고는 해도 포르투갈 상업에는 아무런 피해를 주지 않았다. 예를 들어 포르투갈은 네덜란드와의 말루쿠 제도를 둘러싼 분쟁에서 패배하고도 포르투갈 상인은 아시아인 네트워크 내부에 깊숙이 침투할 수 있었다.

포르투갈 국왕이 무역을 독점했던 상품은 향신료와 금, 은이었

예수회

1534년에 이그나티우스 로욜라, 프란시스코 사비에르가 결성한 가톨릭 수도회. 가톨릭 포교와 세력 확대에 주력했다.

다. 그러나 향신료 무역에도 국왕과 무관하게 사적으로 활동하는 상인이 참여했다. 향신료조차 포르투갈 왕실이 취급하는 비중은 전체의 60퍼센트에 머물렀고 나머지 40퍼센트는 상인이 취급했다. 남중국해에서 활동하던 왜구의 중개자로 나선 이들도 포르투갈인이었다.

포르투갈의 뉴 크리스천

포르투갈의 대외 진출은 뉴 크리스천이 뒷받침했다. 그들은 에스파냐 통일 후 기독교로 전향했다고 알려졌는데 실제로 이전부터 다른 종교를 믿고 있었다. 즉 그들은 기독교로 개종한 유대교도였다.

1580년부터 1640년에 걸쳐 포르투갈은 에스파냐에 합병되었다. 그 사이 아시아에서 이베리아반도 세력이 크게 확대되었다. 예수회 활동 이외에 갖가지 상업 활동에서도 두 나라의 협력이 진전되었다.

뉴 크리스천은 아시아 활동을 급속히 늘려나갔다. 포르투갈 국

뉴 크리스천(New Christian)

수많은 유대인이 유럽 대외 진출에 이바지했는데 그들은 자유롭게 장사할 수 있는 신세계를 찾아 아시아로 진출했다.

왕은 인도의 고아에서 이단 심문을 진행하기도 했다. 또 아시아뿐 아니라 다른 포르투갈령에서도 뉴 크리스천이 늘어났다. 포르투갈 왕실의 권력과 무관하게 자발적인 네트워크를 이용해 이주한 사람이 많았기 때문이다. 인도에 가면 본국에 있을 때보다 부자가 될 수 있다고 믿고 바다를 건넌 사람 중에 다수의 뉴 크리스천이 포함되어 있었다.

대서양과 아시아를 통합한 포르투갈인

1500년에 포르투갈인 페드루 알바르스 카브랄이 브라질에 표착해 브라질은 포르투갈령이 되었다. 17세기에 브라질에서 사탕수수 플랜테이션이 발전하자 브라질 경제가 포르투갈에 미치는 영향이 매우 커졌다.

브라질과 아시아 두 지역의 유대가 강화되면서 이베리아반도, 라틴아메리카, 아시아에 걸친 거대한 네트워크가 형성되었다. 뉴 크리스천의 무역망은 대서양으로 확장되었고 브라질, 페루, 멕시코로 영향력을 확대했다. 이 네트워크가 포르투갈인이 사는 마카오와 마닐라 네트워크와 연결되었다. 포르투갈의 뉴 크리스천은

플랜테이션

일반적으로 단위 작물을 재배하는 대규모 농장을 가리킨다.

유럽, 대서양, 아시아를 하나의 무역망으로 통합하는 중대한 역할을 수행했다.

1690년대에 브라질에서 금광이 발견되자 리스본의 무역이 발전했다. 포르투갈은 영국과의 무역에서 적자를 냈지만 브라질에서 수입되는 금이 모자란 부분을 채워주었다. 1692년에 내려진 지령으로 포르투갈 선박은 인도에서 돌아올 때 브라질의 바이아를

카리브해로 팔려온 아프리카인의 노예 생활

거쳤다. 포르투갈 선적 선박은 일단 바이아에 정박한 후 리스본으로 귀항해야 했으며 브라질의 금과 교환하기 위해 아시아에서 인도산 면, 중국제 도자기와 비단을 사들였다.

1580년대에 포르투갈인은 인도산 면을 북아프리카와 레반트로 운송했다. 인도의 구자라트, 신드주(오늘날의 파키스탄), 캄베이만에서 사들인 품질이 떨어지는 직물을 서아프리카에 판매해 벌어들인 차익을 노예와 교환하기 시작했다.

포르투갈은 엄청난 이익을 남겼다. 브라질에서는 서아프리카에서 사들인 금액의 다섯 배로 노예를 팔았고 카리브해와 멕시코 시장에서는 여덟 배나 되는 값을 받았다. 동남아시아에서는 향신료를 사들이는 매개로 면을 사용했고 서아프리카에서는 영국과 플랑드르의 리넨을 금, 상아와 맞바꾸었다. 16세기 후반 유럽인은 유럽과 아시아 양쪽에서 서아프리카로 직물을 운송하게 되었다.

이처럼 포르투갈인은 면을 주요 물품으로 삼아 대서양과 인도양, 동남아시아를 접수했다. 이와 대조적으로 아시아 상인은 희망봉을 돌아 유럽과 대서양으로 진출하지 않았다. 아시아 상인의 소극적 자세가 유럽과 아시아의 결정적 차이를 만들고 말았다. 아시아 상인의 유통망은 유럽 상인보다 훨씬 작았고 아시아 내부에만 머물렀다.

리넨

아마 섬유를 원료로 만든 직물을 아울러 이르는 말.

그림 8-2 **포르투갈의 항해 경로**

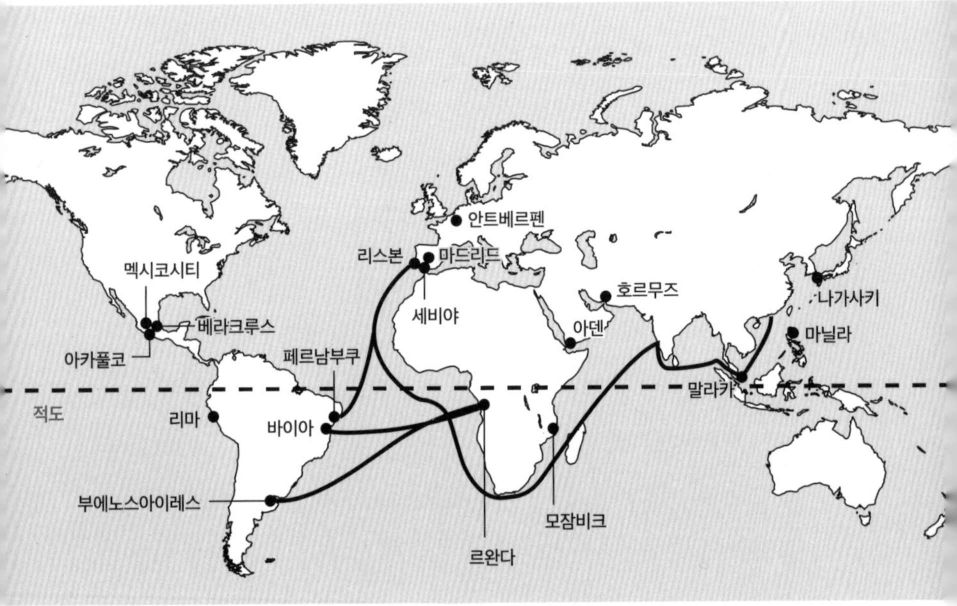

17세기 후반부터 18세기에 걸쳐 아시아-브라질-아시아라는 직접 교역이 포르투갈 국왕의 허가로 이루어졌다는 부분에 주목해야 한다. 브라질은 금 이외에 아시아에서 사들인 상품도 수출했으며 코담배와 설탕이 아시아의 고아와 마카오에서 팔려나갔다. 18세기가 되어서도 포르투갈 상인은 아시아뿐 아니라 대서양 무역에서도 활약했고 이 두 지역의 바다를 연결하는 접점 역할을 맡았다.

9

대서양 경제 형성과 유럽의 대두

대서양 경제 형성의 초석

유럽에는 이미 페니키아인에 의해 대서양이 알려져 있었다. 페니키아인이 아메리카 대륙으로 건너갔다는 주장도 있지만 이는 아직 확인되지 않은 가설일 뿐이다. 페니키아인은 아프리카 서안까지 도달했다. 따라서 대서양 경제 형성의 기초는 페니키아인의 경로를 포르투갈이 다시 한번 거슬러 올라가며 닦았다고 볼 수 있다.

페니키아인과 달리 포르투갈은 이슬람교도가 주도한 사하라 종단 교역을 대신해 육로로 서아프리카에서 금을 들여온다는 목적이 있었다. 유럽인은 유럽 내부에서 채굴되는 금만으로는 부족해 서아프리카에서 금을 수입해야 했다. 그런데 유럽인이 금을 얻는

데 있어서 이슬람교도인 베르베르인이 주도권을 쥐고 있던 사하라 종단 무역이 큰 걸림돌이었다. 강력한 이슬람 세력에 밀려 사하라 종단 무역에 참여할 수 없었던 유럽인은 울며 겨자 먹기로 이슬람 세력에게서 금을 살 수밖에 없었다. 아프리카산 금을 직수입하려면 해로를 이용해야 했다.

장기적인 관점에서 보면 아프리카산 금을 확보하기 위한 유럽인의 노력이 대항해 시대의 서막을 연 셈이다. 사하라 사막에서 이슬람의 손을 거치지 않고 유럽인이 직접 금을 수입한다는 목표 하나만 앞세워 포르투갈의 항해왕 엔히크는 바다로 나갔다.

1415년, 포르투갈은 아프리카 대륙 북부의 세우타(Ceuta)를 획득했다. 유럽이 최초로 획득한 유럽 밖의 식민지였으며 이를 계기로 유럽의 제국주의가 시작되었다. 포르투갈은 1444년에 카보베르데, 이듬해인 1445년에 베르데곶에 도달했다. 포르투갈인이 서아프리카 일대를 포르투갈령 기니(기니비사우)로 삼은 때는 1446년이었다. 1480년에는 말리 제국 수도였던 통북투에 이르렀다.

이처럼 유럽은 바닷길을 통해 바깥 세계에 진출했고 바야흐로 유럽이 아시아보다 경제력에서 앞서는 계기를 마련했다. 유럽인

베르베르인
북아프리카의 여러 지역에 살며 아프로·아시아 어족에 속하는 베르베르어를 사용하는 원주민.

항해왕 엔히크(Henrique, 1394~1460)
포르투갈의 왕 주앙 1세의 아들로 왕이 되지는 못했으나 포르투갈의 대외 진출을 촉진한 중요한 인물로 평가된다.

그림 9-1 **포르투갈의 아프리카 진출**

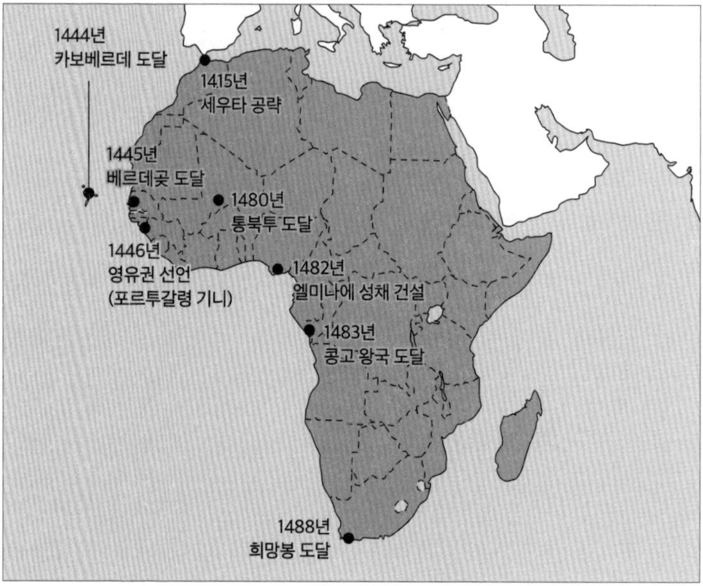

은 유럽의 배를 타고 아시아로 항해해 상품을 수입했으며 시간이 지나자 아시아에 상품을 수출하게 되었다.

오스만 제국의 존재

근세에는 지중해 상업에서 오스만 제국의 영향력이 막강해졌다. 포르투갈은 희망봉 경로가 아니고서는 오스만 제국 영토를 지나지 않는 한 아시아로 갈 수 없었다. 다시 말해 오스만 제국 영토를 피해 아시아로 가는 길을 발견하면 유럽에 크나큰 상업적 기회를 가져다줄 수 있었다.

오스만 제국은 군사적으로 강대했을 뿐 아니라 제국 자체가 하나의 경제권을 이루었다고 해도 좋을 정도로 강력한 경제력을 자랑했다. 오스만 제국은 1299년 소아시아에서 건국과 동시에 세력 확장에 나섰다. 1389년에는 무라트 1세(1362년경~1389년 재위)가 코소보 전투에서 발칸반도의 여러 제후가 뭉친 연합군을 격파하고 세르비아 등지의 슬라브 국가에 지배력을 행사하게 되었다. 바예지트 1세(1389~1402년 재위)는 1396년 니코폴리스 전투에서 헝가리 왕 지기스문트가 이끄는 유럽 연합군을 무찌르고 비잔틴 제국의 수도 콘스탄티노플을 포위했다. 그러나 1402년 동방에서 소아시아로 침입한 티무르에 패해 오스만 제국은 상당한 영토를 티무르에게 내주어야 했다.

다시 세력을 회복한 오스만 제국은 1453년 메흐메트 2세(1451~1481년 재위)가 콘스탄티노플을 함락해 비잔틴 제국을 멸망시켰다. 오스만 제국은 다시 영토를 확장했고 15세기 후반에는 흑해와 에게해를 '오스만의 앞바다'로 삼아 술레이만 1세(1520~1566년 재위) 시절에 전성기를 맞이했다. 술레이만 1세는 헝가리 종주권을 확보하고자 1529년 빈을 포위해 거의 함락시키기 직전까지 몰아붙였다.

오스만 제국의 경제는 농업이 근간을 이루었으나 무역에도 적

그림 9-2 **오스만 제국의 영토 확대**

오스만 제국 1683년

- 1300년 오스만 군후국
- 1300-1359년까지 획득
- 1359-1451년까지 획득
- 1451-1481년까지 획득(메흐메트 2세)
- 1512-1520년까지 획득(셀림 1세)
- 1520-1566년까지 획득(술레이만 1세)
- 1566-1683년까지 획득

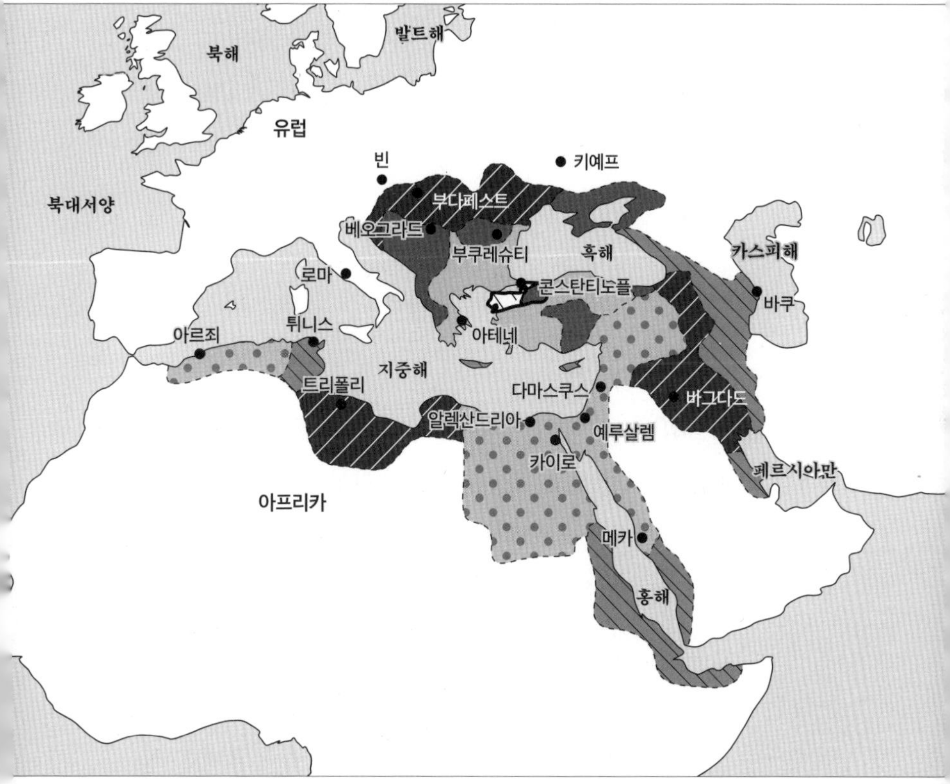

극적으로 관여했다. 16세기 전반에 오스만 제국이 지중해 제해권을 확보했으므로 이 시기 레반트 무역이란 실질적으로는 오스만 제국과의 무역을 의미했다.

이탈리아에서는 사치품이던 비단이 오스만 제국에서 수출된 한편 오스만 제국은 이란으로부터 비단을 수입했다. 17세기 오스만 제국에는 사치품 시장이 성장했다. 1720~1780년 무렵에도 프랑스 마르세유에서 수출되는 모직물의 판매처는 거의 오스만 제국으로 한정되었다. 18세기에 오스만 제국의 경제력이 이전보다 쇠퇴했음에도 지중해 무역의 중심은 오스만 제국이 거머쥐고 있었다. 오스만 제국은 세력을 잃어갔지만 그 쇠퇴는 더디게 진행되어 오스만 제국은 서서히 세계사 무대의 중심에서 사라졌다.

대서양 경제 형성과 노예 무역

지중해 시장의 경제 성장은 그다지 기대할 수 없었던 반면 유럽의 대서양 무역은 큰 폭으로 성장했다. 16세기에 접어들면서 포르투갈을 중심으로 서아프리카에서 노예를 신세계로 수송했고 늦어도 17세기에는 사탕수수 플랜테이션 농장에서 노동자로 쓸 노예 무역 형태가 완성되었다.

사탕수수 농장에서 흑인 노예를 부리는 관행은 이미 지중해에 있었으나 그 규모가 커지면서 대서양 경제의 주축을 담당하는 제도로 발전했다. 표 9-1은 대서양 무역에서 이송된 노예 무역의 수를 나타낸다. 표를 보면 알 수 있듯 포르투갈 선박으로 옮겨진 노예 수가 가장 많았다. 그들은 주로 브라질의 플랜테이션 농장에서 사탕수수 재배 일을 했다.

표 9-2는 노예 상륙 지역으로 브라질이 가장 많았음을 보여준

표 9-1 **대서양에서 노예 수송**

	에스파냐 / 우루과이	포르투갈 / 브라질	영국	네덜란드	아메리카	프랑스	덴마크 / 발트해 지역	합계
1501-1525	6,363	7,000	0	0	0	0	0	13,363
1526-1550	25,375	25,387	0	0	0	0	0	50,762
1551-1575	28,167	31,089	1,685	0	0	66	0	61,007
1576-1600	60,056	90,715	237	1,365	0	0	0	152,373
1601-1625	83,496	267,519	0	1,829	0	0	0	352,844
1626-1650	44,313	201,609	33,695	31,729	824	1,827	1,053	315,050
1651-1675	12,601	244,793	122,367	100,526	0	7,125	653	488,065
1676-1700	5,860	297,272	272,200	85,847	3,327	29,484	25,685	719,675
1701-1725	0	474,447	410,597	73,816	3,277	120,939	5,833	1,088,909
1726-1750	0	536,696	554,042	83,095	34,004	259,095	4,793	1,471,725
1751-1775	4,239	528,693	832,047	132,330	84,580	325,918	17,508	1,925,315
1776-1800	6,415	673,167	748,612	40,773	67,443	433,061	39,199	2,008,670
1801-1825	168,087	1,160,601	283,959	2,669	109,545	135,815	16,316	1,876,992
1826-1850	400,728	1,299,969	0	357	1,850	68,074	0	1,770,978
1851-1866	215,824	9,309	0	0	476	0	0	225,609
합계	1,061,524	5,848,266	3,259,441	554,336	305,326	1,381,404	111,040	12,521,337

출처: http://www.slavevoyages.org/

표9-2 **노예 상륙 지역**

	유럽	북미 대륙	영국령 카리브해	프랑스령 카리브해	네덜란드령 아메리카
1501-1525	637	0	0	0	0
1526-1550	0	0	0	0	0
1551-1575	0	0	0	0	0
1576-1600	266	0	0	0	0
1601-1625	120	0	681	0	0
1626-1650	0	141	34,045	628	0
1651-1675	1,597	5,508	114,378	21,149	62,507
1676-1700	1,922	14,306	256,013	28,579	83,472
1701-1725	182	49,096	337,113	102,333	62,948
1726-1750	4,815	129,004	434,858	255,092	85,226
1751-1775	1,230	144,468	706,518	365,296	132,091
1776-1800	28	36,277	661,330	455,797	59,294
1801-1825	0	93,000	206,310	73,261	28,654
1826-1850	0	105	12,165	26,288	0
1851-1866	0	476	0	0	0
합계	10,797	472,381	2,763,411	1,328,423	514,192

출처: http://www.slavevoyages.org/

다. 노예 무역은 16세기는 에스파냐령 아메리카 시대, 17세기는 브라질 시대, 18세기는 영국령 카리브해 시대였다고 할 수 있다. 19세기까지는 여전히 브라질의 비중이 컸다.

그렇다면 왜 대서양 노예 무역이 시작되었을까? 많은 가능성 중 하나로 대서양 해류를 들 수 있다. 그림 9-3을 보면 서아프리카에

덴마크령 서인도	에스파냐령 아메리카	브라질	아프리카	합계
0	12,726	0	0	13,363
0	50,763	0	0	50,763
0	58,079	2,928	0	61,007
0	120,349	31,758	0	152,373
0	167,942	184,100	0	352,843
0	86,420	193,549	267	315,050
0	41,594	237,860	3,470	488,063
22,610	17,345	294,851	575	719,673
10,912	49,311	476,813	202	1,088,910
5,632	21,178	535,307	612	1,471,724
21,756	25,129	528,156	670	1,925,314
43,501	79,820	670,655	1,967	2,008,669
19,597	286,384	1,130,752	39,034	1,876,992
5,858	378,216	1,236,577	111,771	1,770,980
0	195,989	8,812	20,332	225,609
129,866	1,591,245	5,532,118	178,900	12,521,333

서 해류를 타면 브라질과 서인도 제도에 쉽게 도달할 수 있었다. 사실 서기전 1500년 무렵부터 흑인은 신세계와 서인도 제도로 갔다고 추정되는데 다만 그 빈도는 높지 않았다. 만약 많은 흑인이 건너갔다면 더 많은 사료가 남아 있었을 것이다.

포르투갈인은 노예를 동원해 사탕수수를 생산하는 이치를 터득

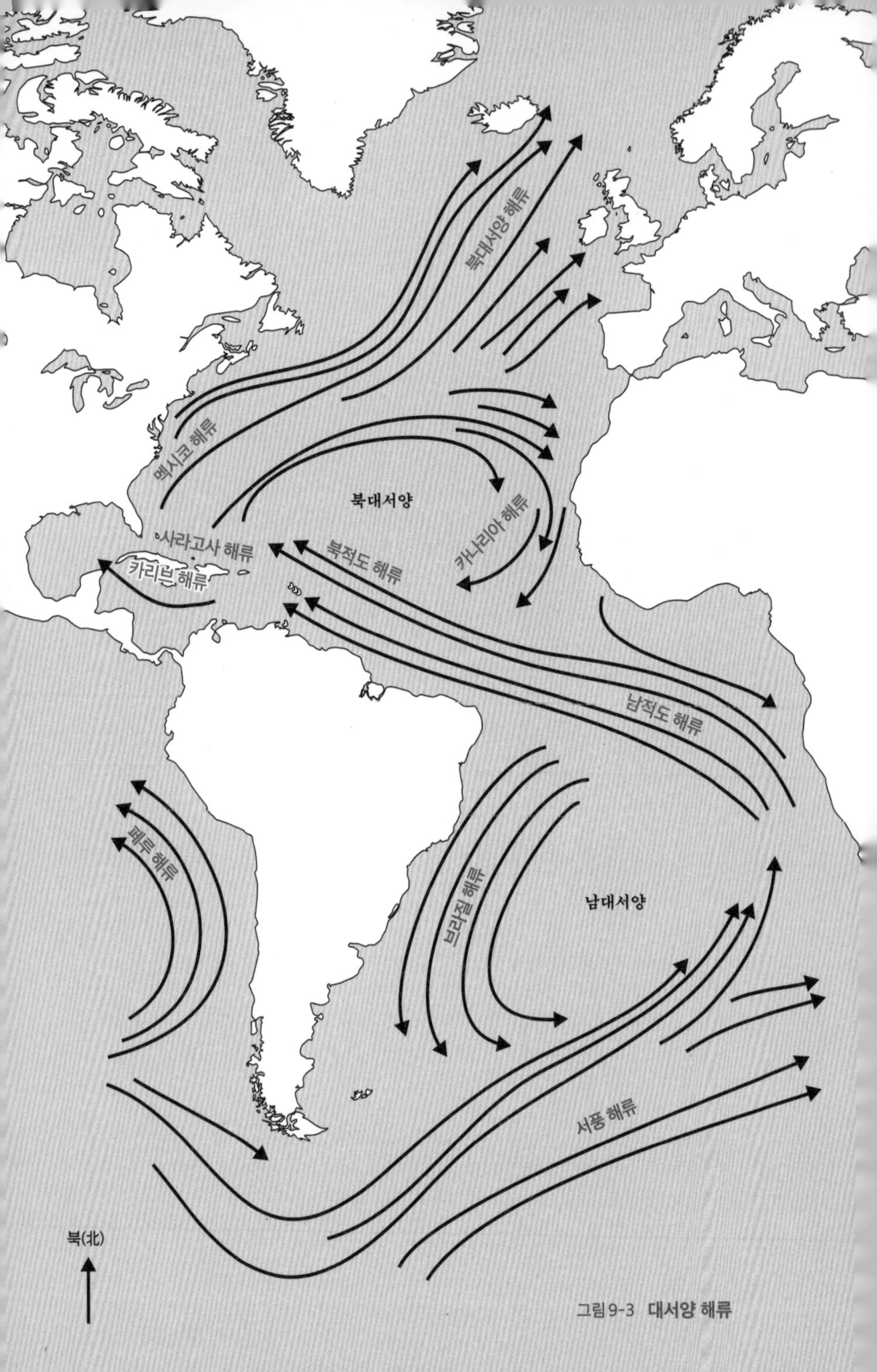

북대서양 해류
멕시코 해류
북대서양
사라고사 해류
카리브 해류
북적도 해류
카나리아 해류
남적도 해류
페루 해류
브라질 해류
남대서양
서풍 해류
북(北)

그림 9-3 **대서양 해류**

하고 있었다. 그리고 바닷길로 흑인 노예를 서아프리카에서 유럽까지 수송했다. 따라서 대서양을 횡단하는 경로만 몰랐을 뿐인데 그 경로는 우연히 발견했다기보다 서아프리카에 살던 흑인이 가르쳐주었다고 추정하는 게 타당하다. 다만 확실한 증거는 없어 어디까지나 추측의 범위를 벗어날 수 없는 가정이다.

대서양 무역에서 포르투갈의 역할

이 시점부터 대서양 무역에서 북대서양이 아닌 남대서양이 확실하게 우위를 점하고 무역의 중심은 서아프리카에서 수송되는 흑인 노예로 옮겨간다. 흑인 수송을 가장 많이 한 국가는 포르투갈이었다.

포르투갈의 역할은 노예 수송에 그치지 않았다. 포르투갈령 브라질에는 다수의 세파르디(이베리아반도에서 추방된 유대인)가 이주했다. 17세기 중엽 브라질의 일부가 일시적으로 네덜란드령이 되자

대서양 해류

대서양 해류를 훑어보면 이베리아반도에서 신세계로 건너가는 것은 꽤 쉬운 일이며 서아프리카에서 브라질과 서인도 제도로 항해하기도 비교적 쉽다는 사실을 알 수 있다. 이 해류의 양상이 대서양 경제의 판도를 결정하는 주요 요인으로 작용했다.

세파르디와 대서양

세파르디는 신세계로 이주해 흑인 노예를 소유했다고도 알려져 있다.

사탕수수 플랜테이션에 동원된 아프리카 노예들

이번에는 네덜란드의 세파르디가 이주했다. 그리고 세파르디 간에 전수된 설탕 제조법은 카리브해 네덜란드령은 물론 영국령과 프랑스령 서인도 제도로 퍼져 나갔다.

신세계에서 대량으로 설탕이 생산된 것은 포르투갈의 사탕수수 재배법이 카리브해까지 전해진 이후부터다. 서인도 제도에서 브라질에 이르기까지 대량의 사탕수수(설탕)가 재배(생산)된 배경에는 포르투갈 출신 세파르디 유대인이 큰 역할을 담당했다.

영국의 독자성

포르투갈령 브라질뿐 아니라 카리브해의 영국, 프랑스, 네덜란드령 식민지에서도 설탕을 수입했다. 대서양 세계는 설탕을 산출하는 설탕 수출 기지였다.

그러나 설탕에 만족할 영국이 아니었다. 영국은 설탕은 물론 서인도 제도와 북미 남부, 나아가 브라질에서 노예가 재배한 면화를 본국으로 수입해 면직물로 가공한 후 영국 선박에 실어 세계 각지로 수출했다. 대서양 무역에서 이처럼 조직적인 체계를 완성한 나라는 영국이 유일했다. 영국은 이 체계를 통해 세계 최초 공업 국가로 발돋움했다.

10

정보의 비대칭성이 적은 세계로
— 구텐베르크 혁명의 의미

정보의 비대칭성과 경제 성장

기초 경제학 수업에서는 모든 사람이 같은 정보를 공유한다고 전제한다. 그러나 현실에서 사람들이 가진 정보는 모두 다르다. 특히 전문가와 일반인 사이의 정보의 질과 양은 하늘과 땅 차이이다.

상인에게 무엇보다 중요한 요소는 다른 상인보다 양질의 정보를 입수하는 정보력이다. 현실 경제에서 정보는 필연적으로 비대칭적 구조를 이룬다. 정보의 비대칭성 덕분에 상인은 이윤을 얻을 수 있다. 즉 상인은 정보의 비대칭성을 이용해 돈을 버는 셈이다.

하지만 정보의 비대칭성이 지나치게 커지면 시장은 원활하게 기능하지 못한다. 또 정확한 정보가 빠르게 전파되는 사회가 경제 발전에 적합하다. 다시 말해 각각의 상인은 정보의 비대칭성을 이용해 이익을 얻지만 사회 전체로 봤을 때 이 비대칭성을 축소하지 못하면 경제 활동에 지장이 생긴다. 기업 활동과 경제 전체의 관계는 이러한 논리로 귀결될 것이다.

시장 참여가 쉬운 사회가 경제 성장에 유리하다. 정보의 비대칭성이 적은 사회가 생겨났다는 것은 경제 활동이 활성화되었음을 의미한다. 정보의 비대칭성을 줄인 사회가 근세 유럽에서 탄생했다. 그래서 유럽이 다른 지역보다 높은 경제 성장률을 실현할 수 있었다.

유럽은 정보의 비대칭성이 적은 사회를 구축했다. 나아가 유럽 상인의 시스템을 유럽 밖의 세계로 수출했다. 유럽은 세계 상업 시스템을 유럽의 입맛에 맞도록 변화시키는 데 성공했다. 그렇다면 유럽은 어떻게 정보의 비대칭성을 줄이고 자신들에게 유리한 시스템을 전 세계로 확산시켜 정착시킬 수 있었을까?

재산권 확보

경제사학자로 노벨 경제학상을 받은 더글러스 노스(Douglass Cecil North, 1920~2015)에 따르면 재산권 확보야말로 경제가 꾸준히 성장하는 원동력이 된다고 한다. 정권이 바뀔 때마다 재산이 몰수되는 사회에서는 부가 축적되지 못하고 경제는 성장하지 않는다. 그러한 사회가 유럽에서 태동하고 나서 유럽은 근세 이후 경제가 성장하지 못했다고 주장한다. 경제 성장에서 제도의 중요성을 역설했다는 점에서 높게 평가받아야 한다.

구텐베르크 혁명

인류는 수천 년 전부터 문자를 사용했다. 발화(發話)와 달리 문자는 반영구적으로 남는다. 문자 사용으로 우리는 상당히 많은 정보를 기록할 수 있게 되었다.

문자 사용 초기에는 한정된 사람들만 읽고 쓸 줄 알았다. 서양은 기본적으로 성직자가 문자를 독점했다. 지식인이 곧 성직자로 학문과 중요한 정보의 독점자였다. 수도원에서는 필사본을 작성했고 그렇게 만들어진 필사본은 소수의 사람 사이에서만 유통되었다.

이러한 상황을 대대적으로 바꾼 인물이 바로 요하네스 구텐베르크(1398~1468)다. 그가 발명한 활판 인쇄술이 세계를 뒤집어 놓았다. 구텐베르크에 앞서 한반도의 고려에서 동판 인쇄술(금속 활자)을 사용했다는 사실이 잘 알려져 있다. 구텐베르크의 활판 인쇄술은 사회에 이미어마한 영향을 준 반면 고려의 동판 인쇄술은 사회적 영향력에 있어서는 구텐베르크에 미치지 못했다.

구텐베르크의 혁명으로 소수의 사람이 지식을 독점하는 시대가 종말을 고했다. 문자 정보는 독점적 재산이 아니고 일반인이 보유하는 재산으로 전환되었다. 서적의 양이 엄청나게 증가했고 일부 성직자만 구사할 줄 알던 읽고 쓰는 능력이 여러 계층으로 확대되었다. 또 성서를 자국어로 번역하는 계기가 마련되면서 종교 개혁으로 이어졌다. 구텐베르크가 개발한 활판 인쇄술이 없었다면 마

구텐베르크의 활판 인쇄술 발명

르틴 루터는 독일어 성서를 완성할 엄두를 내지 못했을 것이다.

상인도 글을 읽고 쓸 줄 알게 되었다. 상인의 문맹률은 예전에도 다른 계층보다 낮았지만 구텐베르크 혁명 이후 문맹률은 더욱 줄어들었다. 글을 읽고 쓰는 능력은 상인에게 꼭 필요한 도구였다. 구텐베르크는 종교계뿐 아니라 세상 전체를 크게 뒤바꾸어 놓았다.

가격표의 역할

12세기 유럽의 상업 발전을 논하는 자리에서 빠지지 않고 등장하는 단골 주제가 있다. 바로 샹파뉴 정기 시장이다. 정기 시장은 일 년에 몇 차례 열리는 시장을 가리킨다. 그런데 거래량이 점점 증가하면서 매일 시장을 열어야 할 필요성이 제기되었다. 그래서 거래소가 출현했다.

최초의 거래소는 1531년 안트베르펜에서 문을 열었다. 이후 암스테르담과 함부르크에 곧바로 설립되었고 몇몇 도시에 추가로 거래소가 개설되었다. 안트베르펜 거래소에서 초기에는 거래하던

마르틴 루터(Martin Luther, 1483~1546)

독일의 신학자. 1517년 95개조 반박문을 발표해 종교 개혁 운동의 불씨를 지폈다.

거래소

안트베르펜, 암스테르담, 함부르크 거래소에서 거래하던 상인은 같은 사람들이었을 가능성이 높다.

상품과 가격을 수기로 작성했으나 얼마 지나지 않아 인쇄로 넘겼다. 여러 도시에서 인쇄된 '가격표'가 유럽 각지를 넘나들었다.

가격표는 비교적 저렴하게 입수할 수 있어 유럽에서는 많은 사람이 상품 가격을 알 수 있었다. 정보의 비대칭성이 적은 사회가 탄생하는 데 가격표가 큰 역할을 했다. 거래소 설립과 가격표 공개로 유럽에서는 시장 진입이 비교적 수월해졌다.

상업 안내서

앞선 12세기 이탈리아에서는 읽고 쓰는 능력을 익힌 상인이 상업 관련 메모를 남기기 시작했다. 그 메모에 살이 붙으며 점점 발전해 장사 전체를 아우르는 일종의 안내서, 상인 교육 길잡이가 완성되었다. 이것이 '상업 안내서'다. 여기에는 상업 지식, 상인 교육법 등이 담겨 있어, 상업 전반에 관한 백과사전식 안내서라 할 만하다.

상인들은 본거지가 되는 도시에 자리를 잡고 각지에 파견한 대리인, 지점과 우편망을 통해 연락을 주고받으며 정보를 수집해 상업 활동에 종사했다. 그들은 활동이 점점 폭넓어지고 다각화됨에 따라 각 시장의 정보와 상품 지식, 상업 기술에 필요한 내용을 빠짐없이 알아야 했고 갖추어야 하는 지식의 범위도 다방면으로 확대되었다.

상인들은 멀리 떨어진 지역과 편지를 교환하며 정보를 획득하고 기록할 필요가 있었기에 읽고 쓰는 능력을 중시했다. 그들은 읽고 쓰는 능력을 습득하고 그것을 활용해 하루하루 변동하는 경제 상황에 따라 갱신되는 정보와 활동을 기록했다. 이러한 정보를 정리해 한 권으로 엮은 책이 상업 안내서였다.

상업 안내서의 전통은 근세에도 이어졌다. 근세 유럽 상인들 사이에는 공통의 경제적 이해와 행동 양식을 통해 형성된 네트워크가 존재했다. 이 네트워크에서 상업 안내서는 일종의 교범으로서 중요한 가치를 지녔다. 이탈리아에서 시작된 전통은 16세기 이후 전 유럽으로 퍼져 나갔고 18세기에 이르기까지 계속 이어졌다.

특히 프랑스의 자크 사바리가 쓴『완전한 상인』을 눈여겨볼 필요가 있다. 1675년부터 1800년에 이르기까지 증쇄를 거듭하며 11쇄를 찍은 이 책 덕분에 상업 안내서의 전통이 이탈리아에서 프랑스로 옮겨와 한 단계 더 발전했다. 사바리의 책은 각국의 언어로 번역되었고 개정판이 출간되었다. 이 책으로 인해 유럽의 상업 관행이 통일될 수 있었다. 유럽의 상업 공간은 동질성이 높아진 것이다.

유럽 외부 세계에 미친 영향

유럽의 경제 발전은 대외 진출로 더욱 촉진되었다. 이 사실은 유럽의 경제 발전과 종교와의 관계를 논할 때 무척 중요한 의미를 지닌다. 유럽 밖으로 나간 상인들 중에는 가톨릭, 다양한 분파의 프로테스탄트, 유대교 신자가 골고루 섞여 있었다. 그들은 종교의 차이를 극복하고 서로 거래해야 했다.

상업 안내서는 (국제) 상업의 매뉴얼화를 촉진했다. 어떤 지방에서든 같은 매뉴얼에 따라 교육받은 상인이라면 같은 상업 관행에

자크 사바리(Jacques Savary)의 『**완전한 상인**(Le parfait négociant)』

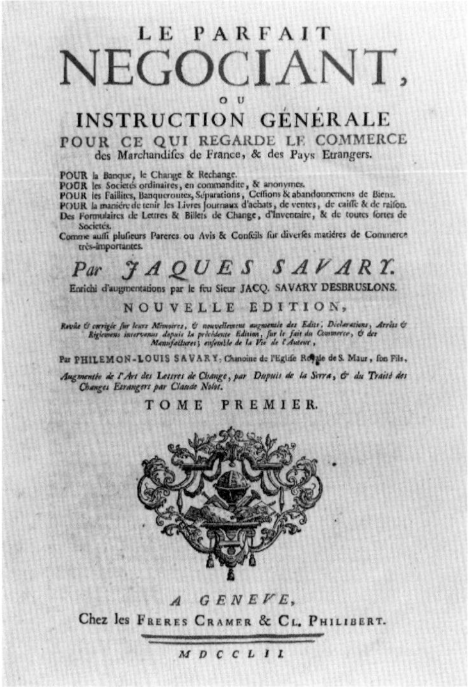

LE PARFAIT
NEGOCIANT,
OU
INSTRUCTION GÉNÉRALE
POUR CE QUI REGARDE LE COMMERCE
des Marchandiſes de France, & des Pays Etrangers.

POUR la Banque, le Change & Rechange.
POUR les Societés ordinaires, en commandite, & anonymes.
POUR les Faillites, Banqueroutes, Séparations, Ceſſions & abandonnemens de Biens.
POUR la maniére de tenir les Livres Journaux d'achats, de ventes, de caiſſe & de raiſon.
Des Formulaires de Lettres & Billets de Change, d'Inventaire, & de toutes ſortes de Societés.
Comme auſſi pluſieurs Pareres ou Avis & Conſeils ſur diverſes matiéres de Commerce très-importantes.

Par JAQUES SAVARY.
Enrichi d'augmentations par le feu Sieur JACQ. SAVARY DESBRUSLONS.
NOUVELLE EDITION,
Revûe & corrigée ſur leurs Mémoires, & nouvellement augmentée des Edits, Déclarations, Arrêts & Réglemens intervenus depuis la précédente Edition, ſur le fait du Commerce, & des Manufactures; enſemble de la Vie de l'Auteur,
Par PHILEMON-LOUIS SAVARY, Chanoine de l'Egliſe Royale de S. Maur, ſon Fils,
Augmentée de l'Art des Lettres de Change, par Dupuis de la Serra, & du Traité des Changes Etrangers par Claude Nolot.
TOME PREMIER.

A GENEVE,
Chez les FRERES CRAMER & CL. PHILIBERT.
MDCCLII.

따라 행동했고 거래는 더욱 원활해졌다. 더욱이 상업 장부, 통신문, 계약서 등의 형식이 정비되며 거래가 수월해졌다.

계약 서류는 수기에서 인쇄물로 대체되었고 상인은 인쇄된 서류에 서명만 하는 관행이 만들어졌다. 상인은 다양한 언어를 습득할 필요가 있었으나 상업 관련 서류 형식이 정해지면 학습이 훨씬 간단해진다. 비교적 소수의 상업 용어를 습득하는 것으로 충분했기에 다른 지역의 상인과 불편함 없이 거래할 수 있었다.

그래서 유럽, 나아가 세계 전체에서 상업 거래가 활발하게 이루어질 수 있었다고 추정된다. 다른 종파에 속한 상인 간의 거래가 쉽게 이루어지면서 경제가 성장할 수 있었다. 다시 말해 서로 다른 문화 사이의 교역이 쉬운 사회가 드디어 탄생한 것이다.

세계 상업에 통용되는 표준 안내서가 만들어졌다. 같은 상업 규칙에 따라 활동하지 않으면 상인들은 하나로 뭉쳐 힘을 합칠 수 없었을 것이다. 상업 안내서는 유럽이 세계에서 상거래를 할 때 공통의 기반을 형성하게 해주는 밑거름 역할을 했다. 세계는 유럽의 손을 통해 동질적 상업 공간으로 탈바꿈했다.

유럽은 단순히 군사력이라는 하드 파워뿐 아니라 활판 인쇄술이라는 소프트 파워로 세계를 지배했다. 구텐베르크의 위업은 그만큼 큰 혁신을 세계에 가져다주었다.

11

패권을 차지한 네덜란드와 유럽 경제의 발전

안트베르펜에서 암스테르담으로

에스파냐령이던 안트베르펜으로 에스파냐령 남미에서 대량의 은이 유입되었다. 은의 유입으로 16세기 후반에 안트베르펜은 유럽 최대의 국제 상업 도시로 거듭났다.

안트베르펜의 영향을 강하게 받은 도시는 암스테르담이었다. 안트베르펜 상인은 북유럽의 몇몇 지역으로 이주했는데 그들이 가장 많이 자리 잡은 도시가 암스테르담이었다. 상인들은 1540년대부터 안트베르펜에서 암스테르담으로 옮겨가기 시작했다.

안트베르펜은 네덜란드(오늘날의 벨기에와 네덜란드)가 에스파냐로부터 독립 운동을 벌이던 1585년에 에스파냐군에 포위되어 함락되었다. 이 시기에 많은 상인들이 안트베르펜을 떠나 암스테르담으로 갔다. 이렇게 안트베르펜의 상업 기술이 암스테르담으로 이식되었다. 안트베르펜 출신 상인의 상업 지식과 기술이 없었다면 암스테르담은 번영할 수 없었을 것이다.

안트베르펜의 무역 상대는 암스테르담보다 적었고 독일 배후 지역, 중부 유럽, 영국, 이베리아반도 등을 상대로 저지대 산물뿐 아니라 영국산 모직물, 포르투갈에서 들여온 향신료 등의 상품을 거래했다.

한편 암스테르담은 전 세계를 상대로 거래했다. 1602년에 네덜란드 동인도회사, 1621년에 네덜란드 서인도회사가 창설된 사실이 이를 증명한다. 그러나 네덜란드의 무역 상대 지역으로 가장 중요한 곳은 발트해 지역이었다. 1580년대 암스테르담 수출입액, 특히 수입액을 살펴보면 발트해 지역의 비중이 매우 높다. 암스테르담의 전체 수입액 중 1580년대에는 65.5퍼센트를, 1584년에는 69.1퍼센트를 발트해 지방 수입이 차지했다. 그중에서 곡물 수입이 가장 중요했는데 18세기 후반까지는 이러한 추세가 이어진 것으로 보인다.

네덜란드 동인도회사에서는 아시아 내부 무역이 차지하는 비중

발트해 지역

네덜란드는 아시아를 상대하는 것보다 발트해 지역을 상대하는 무역에서 안정된 이익을 확보할 수 있어 중요하게 여겼다. 네덜란드는 발트해 지역과의 무역을 '어머니 무역'이라 불렀다.

그림11-1 **북유럽**

동보스니아
우메오
핀란드
보후스
상트페테르부르크
헬싱키
스웨덴
노브고로드
탈린
베르겐
오슬로
스톡홀롬
에스토니아
러시아
노르웨이
라트비아
스코틀랜드
북해
예테보리
리가
칼스크로나
발트해
리투아니아
덴마크
코펜하겐
쾨니히스베르크(칼리닌그라드)
에든버러
호로닝언
단치히(그단스크)
뉴캐슬
야머스
뤼베크
슈체친
폴란드
함부르크
잉글랜드
브레멘
슈트랄준트
자위더르해
보스턴
암스테르담
로테르담
네덜란드
독일
런던
오스텐더
도버
안트베르펜
플랑드르
도버 해협
프랑스

이 컸다. 유럽과 아시아와의 거리는 너무 멀어 왕복 항해에 몇 년씩 걸리기 일쑤라 유럽 경제에 미친 영향력은 그다지 크지 않았다.

암스테르담과 안트베르펜의 무역 구조는 크게 달랐다. 무역 구조만 놓고 보면 암스테르담이 그저 안트베르펜의 후계자에 머물지 않을 정도로 극명한 차이를 보인다.

네덜란드는 발트해 무역에서 얻은 이익을 활용해 1609년 암스테르담에 대체 은행을 설립하고 외환 업무를 시작했다. 이 은행에서 북유럽 거래 대부분의 결제가 이루어지며 네덜란드에는 자동으로 자금이 유입되었다.

17세기 중엽 네덜란드는 '황금시대'를 맞이했다. 네덜란드가 유럽 경제의 패권(이 시점에서는 아직 유럽 내부에 머물렀다. 유럽 경제가 확대되어 세계 경제가 된 시점의 패권 국가는 영국이었다)을 차지할 수 있었던 데는 발트해 무역과 그 이익의 큰 비중을 차지한 암스테르담 대체 은행의 공이 컸다.

종교적 관용과 정보의 역할

암스테르담은 근세 유럽 도시로는 놀라울 정도로 종교에 관용적인 태도를 보였다. 네덜란드 공화국은 칼뱅교 국가였다. 같은 교파인 개신교 교회는 가톨릭에 적대적이었음에도 네덜란드는 종교적으로 다른 나라보다 너그러웠다. 1579년 위트레흐트 동맹 체결

당시 "그 누구도 종교적인 이유로 박해받지 아니하며 심문받지 아니한다"고 결정했는데, 그것을 지키는 대표적인 도시가 바로 암스테르담이었다.

다양한 지역 출신의, 다양한 종교를 믿는 상인들이 새로운 삶의 터전을 찾아 암스테르담으로 많이 이주해왔다. 어떤 이들은 떠나온 고향과 여전히 긴밀한 관계를 유지했다. 그래서 고향 인맥을 동원해 상업 정보를 비교적 손쉽게 얻을 수 있었다.

다시 말해 암스테르담에서는 다양한 배경을 지닌 상인이 활동했다. 프로테스탄트 상인과 가톨릭 상인, 유대인, 아르메니아인까지 암스테르담이라는 좁은 공간에 옹기종기 모여 상업 활동에 매진했다. 암스테르담이야말로 유럽 상업 정보의 중심, 서로 다른 문화 간 무역의 중심이었다.

칼뱅교

스위스 제네바에서 종교 개혁을 시작한 장 칼뱅(1509~1564)의 가르침을 지지하는 교파. 스위스에서 시작되어 프랑스와 네덜란드, 영국으로 퍼져 나갔다.

위트레흐트 동맹

네덜란드 독립 전쟁을 벌이던 1579년에 네덜란드 북부 일곱 개 주가 에스파냐에 대항하며 맺은 군사 동맹. 네덜란드 건국의 계기가 되었다.

아르메니아인

세계 최초로 기독교를 국교로 정한 아르메니아어를 사용하는 사람들. 유라시아 국제 무역에서 중요한 역할을 담당했다.

암스테르담에서부터 상품 정보가 유럽 각지로 퍼져 나갔다. 암스테르담을 통해 유럽의 다채로운 종교와 종파에 속한 상인 간의 거래가 가능해졌다고 생각해야 한다.

유동적인 암스테르담 거주자

앞에서 유럽은 동질적인 상업 공간을 형성했다고 설명했다. 암스테르담은 유럽, 특히 북유럽 상업권이 동질적인 상업 공간을 창출하는 데 기여했다. 왜냐하면 거주자의 유동성이 매우 높은 도시였기 때문이다.

표 11-1을 보면 암스테르담 거주자 중에 암스테르담 출신자의 비율은 17세기에는 30퍼센트에 불과했다. 이후로도 50퍼센트로 상당히 적었고 네덜란드 국내에서는 물론 국외에서도 수많은 이민자가 몰려들었음을 알 수 있다.

암스테르담으로 많은 이민자가 유입된 동시에 암스테르담에서 다른 지역으로 이동하는 사람도 많았다. 암스테르담 출신이 아닌 상인 중에 암스테르담에 자리 잡고 사는 사람도 있었지만 다른 지역으로 다시 옮겨가는 사람도 있었다. 암스테르담으로 이주한 상인은 한 세대 안에 다른 지역으로 이주하기도 했고 여러 세대에 걸쳐 천천히 이주하기도 했다. 또 암스테르담 토박이로 아예 자리 잡는 사람도 있었다. 암스테르담은 상인의 박람회였다. 암스테르담

표11-1 **암스테르담인의 출신지**

출신지		1600	1650	1700	1750	1800년
암스테르담		20,000	70,000	125,000	112,000	117,000
		30.0%	38.9%	53.9%	51.0%	53.2%
홀란트의 다른 도시		2,500	10,000	9,000	7,000	10,000
		4.0%	5.5%	3.5%	3.3%	4.2%
홀란트의 농촌 지역		4,000	7,000	7,000	4,000	6,000
		6.0%	4.0%	3.3%	2.3%	3.0%
네덜란드의 기타 지역		13,000	23,000	32,000	35,000	36,000
		20.0%	13.5%	14.0%	15.9%	16.2%
국내 이민 합계		19,500	40,000	48,000	46,000	52,000
		30.0%	23.0%	20.8%	21.5%	23.4%
독일		16,000	35,000	32,000	40,000	43,000
		25.0%	20.0%	14.0%	18.0%	19.5%
벨기에 프랑스		4,500	11,000	7,000	1,000	1,000
		6.5%	6.5%	3.0%	0.3%	0.4%
영국		1,000	1,000	1,000	1,000	1,000
		1.5%	0.5%	0.3%	0.3%	0.4%
다른 외국*		4,000	18,000	17,000	20,000	6,000
		7.0%	11.0%	10.0%	8.9%	3.1%
외국에서 온 이민 합계		25,500	65,000	57,000	62,000	51,000
		40.0%	38.0%	25.3%	27.5%	23.4%
합계		65,000	175,000	230,000	222,000	222,000

* 스칸디나비아계 성씨

출처: Jan Lucassen, "Immigranten in Holland 1600-1800: Een kwantitatieve benadering", Centrum voor de Geschidenis van Migranten Working Paper 3, Amsterdam, 2002, p. 25, table5.

에서 얻은 정보는 그곳으로부터 이주한 상인의 손을 타고 다른 지역으로 퍼져 나갔다.

상업 정보의 발신 기지, 암스테르담

근세에는 대량의 식민지 산물이 신대륙과 아시아에서 유럽으로 유입되었다. 아시아의 상품은 예전부터 유럽으로 수입되었으나 신대륙 산물은 유럽인에게는 생전 처음 보는 신기한 물건으로 가득했다. 유럽의 여러 도시는 상품 가격을 게재한 가격표를 발행하고 상업 신문까지 발간했다. 그 거점이 바로 암스테르담이었다.

암스테르담의 상업 정보는 1~2주 사이에 유럽의 다른 도시로 전해졌다. 그래서 유럽 사람들이 유사한 상업 정보를 공유하며 상업 수행에 필요한 비용을 대폭 줄일 수 있었다. 또 암스테르담으로 이주한 상인은 고향의 상업 기술과 인맥 등을 암스테르담으로 고스란히 가져왔다. 이주 상인들은 암스테르담의 중요한 자산이 되었다. 암스테르담이 유럽의 다른 도시를 제치고 우위를 차지한 배경은 여기서 비롯되었다. 다만 암스테르담의 우위성은 상인이 암스테르담에서 이동하자 다른 지역으로 빠져나갔다.

게다가 암스테르담에서는 비교적 자유롭게 정보가 전달되었다. 정보의 전달 형식이 '발화'에서 '인쇄' 형식으로 바뀌며 정보의 확실성은 급속히 증대되었다. 정확한 정보가 발 빠르게 유럽 곳곳으로 전파된 것이다. 암스테르담은 유럽 출판의 중심지가 되었으며 일종의 정보 센터 역할까지 수행했다.

네덜란드와 유럽의 경제 성장

근세 네덜란드는 아직 분열되기 쉬운 국가였다. 가장 강력한 지역은 홀란트주였으나, 다른 일곱 개 주가 단결하면 절대 홀란트주가 독단적으로 행동할 수 없을 정도로 각 지역의 힘이 비등비등했다.

17세기 네덜란드는 유럽 경제의 중심으로 생활 수준이 유럽의 다른 지역보다 높았다. 그리고 당시 암스테르담은 유럽 금융 시장의 중심으로 거액의 부가 축적되었다. 암스테르담으로 집중된 부는 시민들의 눈을 멀게 할 정도로 막대했다. 그 부가 어디로 향하는지에 따라 유럽 역사가 좌우되었다고 할 정도로 중요했다.

네덜란드는 일반인까지 공채에 투자할 정도로 투자가 보편적인 사회였다. 네덜란드인은 유리한 투자처를 찾아 네덜란드 국내보다 해외로 투자했다. 네덜란드의 이자율은 낮았고 사람들은 채산성이 더 높은 시장을 찾아 투자했다. 게다가 암스테르담은 상업 정보가 집중되는 곳이었기에 투자 정보를 얻기도 쉬웠으며 네덜란드 정부의 권력이 약해 네덜란드에 사는 사람들의 투자를 통제할 힘이 없었다.

네덜란드의 투자액은 확실히 밝혀지지 않았다. 다만 외국의 투자처로 가장 중요하게 여긴 지역이 영국, 뒤를 이어 함부르크라는 것은 거의 확실하다.

유럽 최대의 투자 사회이던 네덜란드는 영국을 주요 투자처로 선정해 잉글랜드 은행이 발행하는 국채(공채)를 사들였다. 네덜란드의 투자는 바야흐로 영국이 대영 제국으로 성장해 (세계 경제 전체의) 패권을 거머쥐게 되는 데 큰 도움이 되었다.

네덜란드의 함부르크 투자는 1619년에 설립된 함부르크 은행에 거액을 출자하며 시작되었다. 네덜란드의 큰손들 덕분에 함부르크는 유럽에서도 이름난 외환 거래 결제의 거점으로 부상했다. 네덜란드의 국외 투자 행위는 장기적으로 봤을 때 네덜란드라는 '국가'에 부정적으로 작용했다. 쉽게 말해 해외 투자가 네덜란드 쇠퇴의 한 요인이 된 셈이다.

잉글랜드 은행

1694년에 창설된 영국의 중앙 은행.

만약 네덜란드의 국가 권력이 강했다면

네덜란드에는 일곱 개 주가 있고 그중 홀란트주의 힘이 가장 강했다. 그러나 다른 주를 압도할 정도로 강하지는 못했다. 이러한 힘의 균형이 유럽 전체의 경제 성장에 보탬이 되었다. 만약 네덜란드가 중앙 집권적 국가였다면 네덜란드인은 다른 나라로 훌쩍 떠나 그 나라의 경제 성장에 도움이 되는 투자를 하지 못했을 것이다. 아이러니하게도 네덜란드의 분열성이 유럽의 경제 성장을 도왔다.

네덜란드의 국정 자체가 네덜란드 경제의 쇠퇴와 유럽 경제의 발전을 가져왔다. 네덜란드에는 국가가 정보를 관리한다는 개념이 없었고 이를 뒷받침하기 위한 제도도 없었다. 암스테르담 상인은 정부의 의사와 무관하게 활동하며 정부의 지원도 거의 받지 않았다. 네덜란드가 경제적 선진 지역이었기에 국가가 앞장서 보호할 필요가 없다고 판단했기 때문이다. 이것은 장기적으로는 네덜란드 경제에 부정적인 방향으로, 유럽 경제 전체로는 긍정적인 방향으로 작용했다.

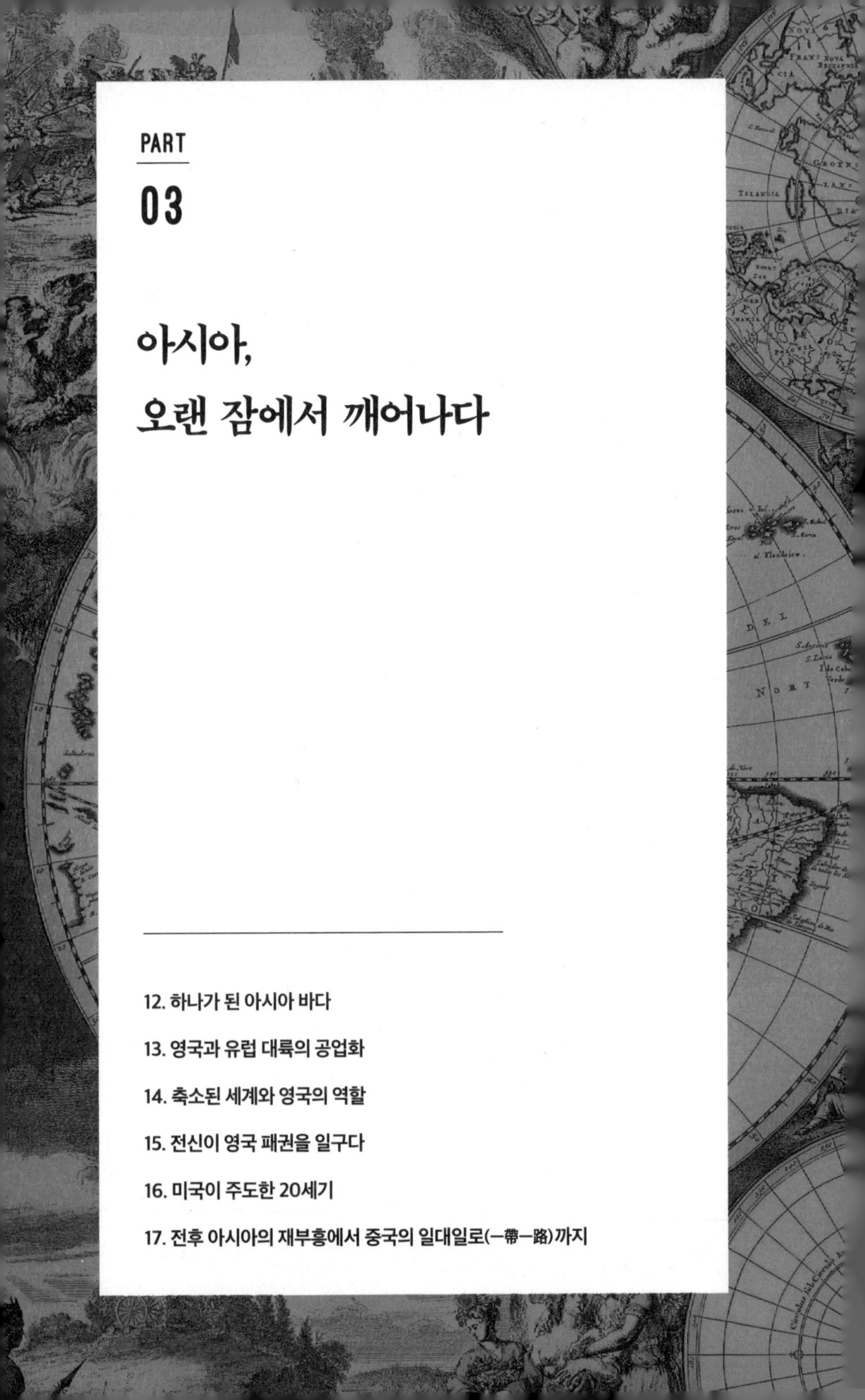

PART

03

아시아,
오랜 잠에서 깨어나다

Nova Totius
TERRARUM
ORBIS
TABULA,
ex officina F. de Wit.
Amstelodami
MARE
ARABICUM
INDICUM
MADAGASCAR
S. LAURENTII
MAR DI
INDIA
HOLLANDIA
NOVA
PERSIA
ÆTHIOPICUS
BORNEO

근세가 되자 인도양에서부터 동남아시아, 하와이 진주만에 이르는 바다가 느슨하게 통합되었다. 이 통합에는 다양한 유형의 상인이 참여했는데 그중 가장 중요한 역할을 맡은 집단은 이슬람 상인이었다. 유럽은 이윽고 아시아의 네트워크를 이용했고 아시아 바다의 유통망을 장악했다. 중국은 조공 무역 체제로 물류를 중시했다. 이 조공 무역 중심 체제가 중국 경제 쇠퇴의 주요 요인으로 작용했다.

영국은 서인도 제도와 북미 남부 식민지에서 면화를 재배해 본국에서 완성품인 면직물로 가공하는 체제를 형성했다. 영국의 면직물은 기계를 이용해 생산했기에 수작업에 의존하던 인도산 옥양목보다 생산성이 뛰어나 전 세계로 팔려나갔다. 영국산 면직물은 초기에는 범선으로 나중에는 증기선으로 운송되었다.

영국은 증기선의 보급으로 세계의 시간 거리를 좁혔다. 그리고 전신으로 세계를 더욱 가깝게 만들었다. 세계 전신 관련 기기의 대부분은 영국제였고, 유럽과 미국이 공업화에 성공해도 결제를 위해서는 영국제 전신을 이용해 런던에서 금융 거래가 이루어져야 했다. 영국은 세계 경제가 발전하면 할수록 수수료 수입으로 이익을 벌어들였다. 그러다 제1차 세계 대전이 일어나며 영국 중심의 체제가 붕괴한다.

제1차 세계 대전에서 경제적 이익을 얻은 미국의 지위는 크게 상승했고 제2차 세계 대전이 끝나자 미국은 세계를 주도하는 국가로 우뚝 섰다. 미국은 국제 기관과 다국적 기업을 이용해 차근차근 패권을 장악했다. 전후 세계는 동유럽 사회주의 국가와 자본주의 국가 사이의 다툼으로 느껴진다. 그러나 사회주의 국가는 자본주의 구조 안에서 기능하는 한낱 톱니바퀴에 지나지 않았다.

전후 세계에서는 아시아의 약진이 두드러졌다. 먼저 일본이 고도 경제 성장을 이룩했지만 거품이 꺼지며 제자리걸음을 해야 했다. 뒤를 이어 중국, 인도, 한국, ASEAN 각국이 부상했다. 그러나 원래 아시아가 유럽보다 풍요로웠기에 전후 아시아 국가의 약진은 일종의 '재부흥'으로 보아야 한다.

이제 중국이 '일대일로(一帶一路, One belt, One road)'를 내세우고 있다. 일대일로는 중국이 아시아 물류의 중심축이 되겠다는 야심만만한 계획으로 조공 무역과 완전히 다른 체제다. 일대일로로 중국은 세계를 장악하고자 나섰다. 그러나 중국의 시도는 성공하기 힘들어 보인다. 세계 경제의 활동이 활발해지며 중국에 자동으로 돈이 모여드는 체제를 개발하지 않고는 중국이 가야 할 길은 아직 한참 멀다.

12

하나가 된 아시아 바다

인도양에서 동아시아에 이르는 세계의 느슨한 통합

인도양을 누비던 배는 다우선이었다. 연안 무역과 장거리 무역에 두루 활용된 다우선은 이슬람 뱃사람들의 것이었다. 중국의 당 왕조와 아바스 왕조는 약 250년에 걸쳐 활발하게 인적·경제적·문화적 교류를 거듭했다.

9~10세기에는 시라프계 상인이 홍해와 동아프리카 해안, 인도 서해안에서 활약했다. 그들이 오간 경로는 중국 광주까지 이르러

시라프

페르시아만 길목 동안에 자리한 항구.

인도 해역의 주요 항구 도시에서 중국 동전, 특히 10세기 중엽부터 11세기 초에 유통된 송나라 시대의 동전이 대량으로 출토되었다. 송나라 동전이 일본에서도 사용된 것으로 보아 남아시아 인도에서부터 동아시아 일본까지 느슨하게 통일된 경제권이 형성되었음을 알 수 있다.

중국 송나라의 경제 성장률은 사상 최고 수준이었다. 국내에서는 자원 개발과 기술 혁신이 이루어졌고 각 지역 특산품 거래가 증대되었다. 또 지역 분업이 이루어지며 유통 경제로 발전했다. 동남아시아에서 인도양에 이르는 광역 네트워크가 하나의 경제권을 이루었고 그 경제권에서 가장 중요한 역할은 이슬람 상인이 맡았다.

인도양의 이슬람화와 중국의 영향

인도양은 광범위하게 이슬람화되었다. 물론 인도에 델리를 수도로 하는 이슬람 왕조가 세워졌으니 당연한 현상으로 여길 수도 있다.

다른 세력도 있었지만 인도양은 대체로 이슬람의 바다였으며 한편에서는 중국 선박도 증가했다. 본래 중국은 해상 무역을 중시한 국가였다.

예를 들어 마르코 폴로는 『동방견문록』에서 절강성에 있는 항구 도시 항주의 번영을 이야기한다. 항주는 견직물 생산으로 유명

다우선

그림12-1 인도

했다. 송대에 이르면 항주는 상업 도시로 더욱 번영을 누렸다. 또 복건성의 천주는 당 초기부터 이슬람 상인이 드나들었다. 원대의 천주는 남해 무역으로 더욱 번성했다.

이처럼 인도에서 중국에 걸친 상업 네트워크를 통해 인도의 면직물은 홍해, 사하라 이남의 아프리카까지 전해졌고 마지막에는 서아프리카의 세네감비아에 도착했다. 도중에 카이로, 아마도 누비아와 아비시니아(에티오피아) 여러 도시의 상품 집산지를 거쳐 사하라를 종단하는 대상(隊商)의 보따리에 실려 이동했다고 추정된다.

이슬람교도 이외의 상인

이슬람교도가 아니면서 인도양에서 영향력을 떨친 상인으로 구자라트 상인이 있었다. 구자라트 상인은 말라카(오늘날 말레이시아의 믈라카－옮긴이)에 독자적인 공동체를 형성하고 지배자인 이슬람교도에게 항구 운영을 건의하기도 했다.

인도 남서부의 말라바르 해안은 인도양에서 이루어진 세계 교류의 접점이었다. 말라바르 해안에는 이슬람 상인부터 시리아 정교, 유대교, 조로아스터교, 힌두교 등 신앙이 다른 사람들이 사는 지역도 있었다.

15세기 초, 명나라의 영락제(永樂帝, 1402~1424년 재위)가 통치하던 때 환관이자 이슬람교도이던 정화는 보선(寶船)을 타고 아라비

구자라트 상인

인도 북부의 구자라트를 거점으로 삼은 상인. 서인도 상업을 이끌었다.

정화(鄭和, 1371~1434)

중국 명나라의 무장. 영락제의 명령으로 총 일곱 번의 남해 원정을 지휘했다.

아반도까지 원정을 가는 등 적극적인 대외 정책을 펼쳤다. 그러나 1424년에 영락제가 세상을 뜨자 중국은 적극적 대외 진출을 중단했다. 급기야 1436년에 대양 항해용 선박 건조를 중지할 정도로 대외 진출에 소극적인 자세로 돌아섰다.

포르투갈이 인도양에 들어왔을 무렵 동남아시아의 범선인 정크는 500~600톤 규모로 포르투갈 선박보다 덩치가 큰 대형 선박이었다. 그러나 1600년 무렵 정크가 소형화되어 인도양에서는 200

그림 12-2 **정화의 원정도**

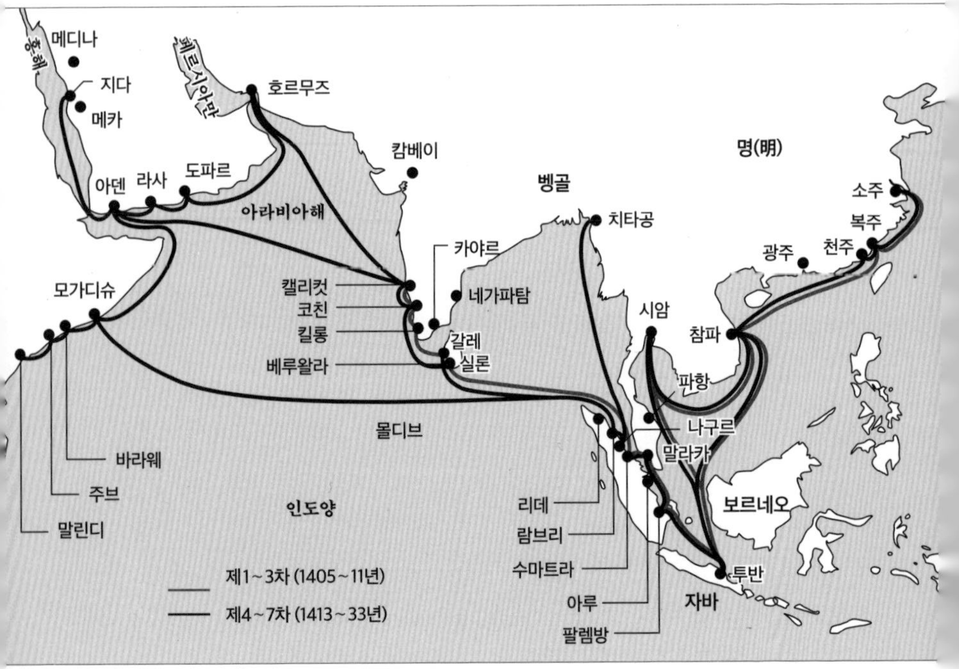

톤을 넘는 배를 쉽게 볼 수 없었다.

만약 바스쿠 다가마가 16세기 초에 인도양에 도착했더라면 강력한 중국 세력에 부딪혀 포르투갈은 쉽사리 아시아에서 영토를 확장하지 못했을 것이다. 중국이 건재했더라면 아마 이후 네덜란드와 영국의 침공도 불가능했을 공산이 크다.

포르투갈을 비롯한 유럽 각국이 아시아로 진입하고 예전부터 아시아 상인이 운송하던 향신료 등을 자국 선박으로 운송하게 되었다. 인도양의 물류는 이렇게 유럽인의 손으로 넘어갔다.

초기 동남아시아 무역

동남아시아의 900~1300년은 흔히 '초기 교역 시대'로 일컬어진다. 8~11세기에 인도양과 아라비아해뿐 아니라 남중국해에서도 이슬람화가 진행되었다. 참파(Champa, 2~19세기에 베트남 중부와 남부에 걸쳐 있던 왕국 – 옮긴이) 같은 동남아시아에서도 이슬람 공동체를 볼 수 있었고 1400~1462년에 말라카, 수마트라, 말루쿠 제도 등이 이슬람화된 데 이어 브루나이와 마닐라도 이슬람화되었다.

정크

중국을 중심으로 동남아시아와 류큐(오늘날의 오키나와) 제도에서도 사용된 목조 선박. 수심이 얕은 바다 항해에 적합하며 제법 속도도 낼 수 있었다.

하나가 된 아시아 바다

동남아시아 입장에서 최대 시장은 중국이었다. 중국은 14세기 후반부터 200년 동안 인구가 엄청나게 증가했다. 영락제의 무역 원정으로 동남아시아 제품에 대한 중국의 수요가 큰 폭으로 늘어 동남아시아와의 교역이 크게 발전했다.

15세기 말 동남아시아에서는 말라카가 중요해졌다. 말라카는 인도양을 누비던 다우선과 동남아시아의 범선인 정크의 집결지였으며 해상 무역 최대의 요충지였다. 아랍인, 페르시아인, 인도네시아인 등이 말라카로 모여들었고 쌀, 설탕, 생선, 면직물이 후추, 장뇌(樟腦), 향신료, 백단향, 중국 도자기, 비단, 귀금속과 교환되었다.

이어서 동남아시아와 동북아시아의 주요 집결지는 류큐였다. 류큐는 중국에 적극적으로 조공 무역을 했을 뿐 아니라 동남아시아의 주요 무역항으로 선박을 보냈다. 1430~1432년에 류큐는 타이의 아유타야 왕조에 적어도 열일곱 차례, 수마트라섬 팔렘방에 여덟 차례, 자바에 여덟 차례 사신을 보냈다. 중국, 동남아시아 각

말라카 해협의 중요성

말라카 해협은 오늘날에도 세계 해운업의 요충지다. 인도양과 태평양은 물론 동남아시아의 여러 바다를 연결하기에 이 좁은 해협을 오가는 선박은 엄청나게 많다. 근세에는 인도양을 항해하는 다우선, 아시아의 바다를 오가는 정크의 집결지 기능을 하며 중요한 해협으로 자리 잡았다. 이 해협을 오가는 배가 대부분 유럽의 배로 바뀌었다는 사실은 유럽이 아시아 바다의 해운업을 장악했음을 의미한다.

그림12-3 **동남아시아**

국과 마찬가지로 정크를 주로 활용한 류큐의 활동은 15세기 후반부터 16세기 전반에 걸쳐 정점에 달했다.

동남아시아 교역은 1400년경 말루쿠 제도에서 향신료가 수출되며 크게 증가해 1570~1630년에 절정을 맞이했다. 이후 세계 무역에서 동남아시아가 차지하는 비율은 점점 축소되었고 네덜란드 동인도회사가 장거리 무역을 독점하면서 동남아시아 각국의 이익이 감소했다.

한편 동남아시아와 인도양의 일체화는 더욱 가속화되어 17세기에 인도양과 동남아시아는 하나의 상업권을 형성했고 육로와 합쳐졌다. 즉 중동의 아르메니아인이 오가던 경로와의 접점이 늘어나면서 유라시아 세계가 하나의 상업 네트워크로 통합되었다고 추측할 수 있다.

이렇듯 근세 상업 네트워크는 국가의 힘이 아닌 상인의 자율 조직으로 확대·통합되었다.

조공 무역의 문제점

중국은 전통적으로 조공 무역 제도를 채택했다. 이는 중국 주변의 종속국이 예물을 종주국인 중국에 헌상하고 그 보답으로 중국이 하사품을 종속국에게 건네는 무역 형태로, 중국 왕조가 주변의 '이민족'에게 온혜를 베푼다는 이념에서 비롯된 국가 관계를 의미한다.

중국에서는 당나라 시대부터 조공 무역이 이루어졌고 송나라로 넘어오며 조공 무역을 대신해 민간 무역이 발전했다. 요·금·원나라 시대에는 민간 무역이 이루어졌다. 당나라 시대부터 명나라 영락제 시대까지 그다지 활발하게 이루어지지 않던 조공 무역이 이후 활성화되었다.

조공 무역은 청나라 시대에도 이어졌는데, 중국에서 생사(生絲),

도자기, 차 등이 수출되었고 에스파냐의 은을 들여오기 시작했다. 1757년부터는 광주가 외국과의 유일한 무역항으로 지정되었다.

조공 무역은 중국이 이웃 나라에 비해 압도적인 경제력을 자랑해야만 성립하는 제도였다. 즉 조공품보다 중국이 하사하는 물품의 가격이 훨씬 비싸야 성립하는 시스템이다. 중국이 세계에서 가장 부유한 국가라면 주변 국가가 자국 선박으로 조공을 실어오기를 기다리기만 해도 충분했으며 물류 체계가 다소 부실해도 딱히 문제될 게 없었다.

중국의 세금 제도는 명나라 시대에는 일조편법(一條鞭法)을 채택했고 청나라가 들어서며 지정은제(地丁銀制)로 전환되었다. 일조편법이란 조세와 요역을 통합해 은으로 내는 제도이고, 지정은제는 토지세에 인두세가 포함되어 일괄적으로 은을 내도록 한 제도다. 세금을 은으로 낸다는 점에서는 두 제도에 차이가 없었다.

갤리언선이 담당한 멕시코 은 수송

신대륙에서 동아시아의 중국으로 대량의 은을 실어온 운송 수단은 갤리언선이었다. 멕시코 서안의 아카풀코부터 태평양을 거

갤리언(Galleon)선

16~18세기에 멕시코에서 마닐라까지 은을 운송하던 대형 범선.

쳐 필리핀 제도로 오는 길이 가장 중요한 경로였다.

1571년에 에스파냐의 지배가 확립된 마닐라에서는 비단과 은이 교환되었다. 마닐라는 에스파냐가 아시아 시장에 참가할 수 있던 유일한 통로였다. 유럽 밖 세계의 무역은 초반에는 포르투갈인이, 뒤를 이어 네덜란드인이 지배했기 때문이다. 갤리언선은 태평양 무역의 탄생을 의미했다. 18세기 말에는 마닐라산 여송연의 상

그림12-4 **갤리언선의 항로**

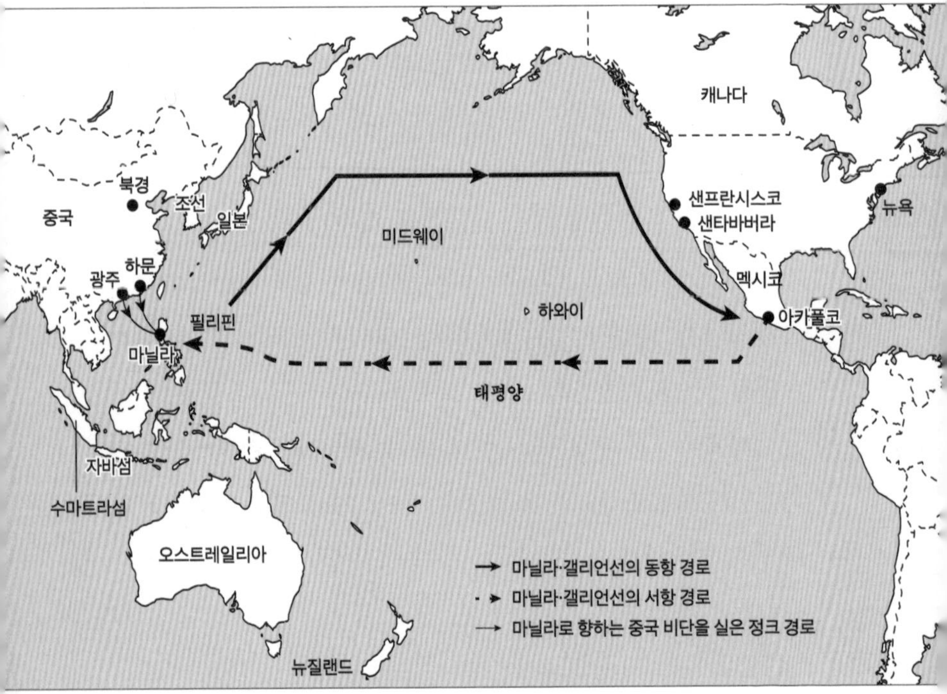

당수가 아카풀코를 거쳐 에스파냐령 아메리카로 운송되었다.

갤리언선은 매년 200만 페소의 은을 운송했다. 포르투갈령 인도(Estado da Índia), 네덜란드 동인도회사, 영국 동인도회사의 은 운송을 모두 합한 금액이 200만 페소였다는 사실만 보아도 갤리언선이 실어 나른 은이 얼마나 많은지 상상할 수 있다.

이처럼 중국이 필요로 하던 은 유통은 에스파냐 손아귀로 넘어갔다. 중국은 세금에 필요한 은 운송을 에스파냐에 맡겼는데 이는 고양이에게 생선 가게를 맡긴 꼴로 물류 시스템을 경시한 처사였다. 이러한 중국의 태도는 훗날 중국의 치명적인 약점이 된다.

아시아의 바다는 인도양이든 동남아시아든 이슬람 상인이 하나로 만들었다. 그리고 태평양은 갤리언선이 하나로 묶었다.

이제 아시아의 바다에서는 유럽의 배가 아시아의 배를 대신하게 되었다. 17세기에는 말레이반도와 자바섬 사이 크고 작은 섬들을 오가는 배 가운데 비유럽 선박의 비율이 눈에 띄게 줄어들었다. 이 시기에 네덜란드는 아시아 지역에서 활동하는 무역 선박의 수를 약 네 배로 증가시켰다. 또 인도양과 말라바르 해안, 중국, 특히 자바섬에서의 무역 선박 수를 늘렸다.

아시아의 바다는 물류 측면에서 보면 아시아인의 바다가 아닌 유럽인의 바다로 변모했다. 유럽인은 우선 유통망을 확보하고 차츰 유럽산 상품을 아시아로 운송했다. 유통망 확보는 훗날 유럽의 승리로 이어졌다.

13
영국과 유럽 대륙의 공업화

시장 경제의 발전

경제학에서는 경제의 세 주체를 기업·가계·정부로 본다. 이 중 시장 경제의 주인공은 기업이다. 근세 유럽에서는 거래소가 만들어지고 가격표와 상업 신문이 작성되며 시장 경제가 착실히 몸집을 불렸다.

이것은 그때까지 가계를 중심으로 이루어지던 생산과 소비가 시장 경제를 목표로 생산이 이루어지는 것으로 바뀌었음을 의미

시장 경제
재화와 서비스 교환이 시장을 통해 이루어진다는 사실을 전제로 한 경제.

한다. 이러한 시장 경제의 발전이 공업화(산업 혁명)의 기반을 형성했다.

근세에 들어서자 가계 노동 시간이 눈에 띄게 줄어들고 시장 노동 시간이 증가했다. 말하자면 과거에 가정에서 가족이 입을 옷을 만들던 노동이 시장에서 판매하는 면직 생산 노동으로 변화한 것이다.

'직물'이라고 하면 상품의 '생산' 측면에만 주목하는 경향이 있으나 직물은 소비재라는 사실을 눈여겨봐야 한다. 그 소비재가 증가했다는 사실이 사회가 풍요로워졌음을 보여주는 잣대가 된다. 시장 경제가 성장하면 사람들은 가정에서 직접 만드는 물건보다 훨씬 많은 상품을 구할 수 있다. 유럽 경제는 시장 경제의 확대와 더불어 발전했다.

게다가 유럽인이 시장에서 새로 얻은 상품은 유럽 내부에서 생산된 것이 아니라 주로 유럽 외부에서 가져온 수입품이었다. 대표 상품으로 커피와 홍차, 면을 꼽을 수 있다. 면은 본디 인도에서 생산되다 차츰 중국 등으로 생산지가 확대되었다. 그런데 대체로 한랭한 유럽의 기후에서는 면화를 재배할 수 없었다. 그래서 유럽인은 외부에서, 즉 인도에서 면을 수입할 수밖에 없었다. 인도 면직물 캘리코는 유럽에서 엄청난 인기를 끌어 몇몇 국가는 수입을 제

캘리코(Calico)

인도제 수직 면직물. 유럽에서 큰 인기를 끌어 17세기부터 대량으로 유럽에 유입되었다.

면화 재배

한하려 했지만 실패했다. 그러자 영국은 유럽 내부에서 면직물을 제조하기로 했다. 영국에서 면화 재배는 불가능했기에 신대륙에서 재배한 면화를 본국으로 가져와 면직물로 가공하기 시작한 것이다.

인도 면직물은 수작업으로 생산된 반면 영국은 기계 생산을 도입했다. 18세기 말 방적기의 도입으로 유럽 여성 한 명이 인도 여성 삼백 명이 짜낸 것과 같은 양의 면사를 생산할 수 있게 되었다. 인도, 중국, 오스만 제국은 면직물 생산자에서 유럽 면직물 소비자로 변신했다.

인도에서 면직물 제조

16세기 유럽인은 유럽의 모직물보다 인도의 면직물이 압도적으로 광범위한 무역권을 포괄하며 그 무역이 대규모 상인 집단에 의해 이루어진다는 사실을 잘 알고 있었다.

인도의 벵골은 면직물 생산과 무역에서 중요한 위치를 차지하는 지역이었다. 벵골에서는 고급 면이 소비되었고 활발히 활동하며 발전한 상인 공동체가 스무 종 가까운 면포를 무역 상품으로 취급했다. 벵골 상인이 취급하던 면포는 값이 저렴한 데다 질이 좋고 구색도 다양했다.

17세기에 이르러 아랍인, 파르시(인도에 살던 조로아스터교도), 투르크인, 아비시니아인 등 출신이 다양한 상인들이 벵골산 면포를 말라바르와 동남아시아로 가지고 갔다. 인도는 각지의 수요에 적합한 면제품을 개발해 판매했다. 구자라트 상인은 말라카까지 진출했다. 구자라트와 말라카의 결속력은 매우 견고해 말라카와 구자라트 상인의 배가 출항하는 캄베이만이 함께 번영을 누렸다.

유럽으로 유입된 인도산 면

이러한 상황에서 인도산 면이 유럽으로 흘러들었다. 인도 캘리코는 이미 중세 후기에 지중해에서 높이 평가되어 베네치아와 제노바의 상인들은 레반트의 중간 상인을 이용해 적극적으로 무역에 나섰다.

17세기에 인도산 면은 유럽의 많은 지역으로 침투했다. 당시 유럽 각국에서 인도로 수출할 수 있는 제품은 없어 인도산 면 수입을 제한하려는 움직임이 있었으나 실패했다. 그나마 독일에서 인도산 면 수입 금지 조치가 발령되었지만 다른 유럽 국가에서는 속수무책으로 인도산 면 수입을 바라볼 수밖에 없었다. 캘리코는 네덜란드에 대량으로 들어갔으며 밀수된 인도산 면이 다른 유럽 국가로 당당하게 수출되기도 했다.

그런데 면 수입량에만 초점을 맞추어서는 안 된다. 면이 인도에서 영국으로 수입된 반면 리넨은 유럽 대륙에서 수입되었다. 18세기 전반 영국 시장에서 면과 리넨은 경쟁을 벌였는데 영국의 소비자는 리넨을 선택했다. 인도의 상품은 아직 유럽인의 취향에 딱 들어맞지는 않았다.

리넨 생산은 중부 유럽에서 발전했다. 오늘날 폴란드와 체코에 해당하는 슐레지엔에서 생산된 리넨은 의류에도 사용되었다. 슐레지엔산 리넨은 프랑스와 포르투갈을 거쳐 서아프리카로 보내져 아프리카 노예들이 리넨으로 만든 옷을 입었다.

인도산 면직물은 피부에 닿는 촉감이 좋지만 내구성이 약했다. 리넨은 촉감은 떨어져도 질기고 오래갔다. 그래서 중부 유럽에서 생산한 슐레지엔산 의류를 아프리카 노예가 입고 있는 광경을 볼 수 있었던 것이다.

대서양 경제와 면 생산

대서양 무역은 기본적으로 서아프리카에서 신대륙으로 노예를 제공하고 신대륙에서 사탕수수를 재배해 설탕을 생산하는 시스템이었다.

영국은 여기서 만족하지 않았다. 서인도 제도뿐 아니라 북미 식

슐레지엔(Schlesien)

현재의 폴란드 남서부에서 체코 북동부에 이르는 지역. 리넨을 생산했다.

민지 남부에서 노예에게 면화를 재배하게 해 본국에서 면직물 완성품으로 가공하는 시스템을 구축하는 데 성공했다. 유럽은 염색에 필요한 원료와 면직물의 원료인 면화를 신대륙에서 가져왔다. 인도에서는 면직물에 필요한 재료가 가까운 지역에 있었지만 영국은 엄청나게 먼 신대륙에서 원재료를 조달한 것이다. 영국은 새로운 원료 조달법에 공장 제도라는 새로운 생산 기법을 접목해 국내에 도입했다.

인도에서 수작업으로 이루어지던 면 생산과 달리 영국에서는 공장 제도가 발전했다. 영국 면직물 생산량은 1770년에서 1790년까지 20년 사이에 열 배로, 이후 12년 동안 그 열두 배로 껑충 뛰어올랐다. 그리고 1830년대에는 면직물 생산액이 오랫동안 영국의 국민 산업이던 모직물을 웃도는 수준으로 성장했다. 1820년대에는 영국에서 생산된 면직물 수량이 아직 인도를 밑돌았지만 이후 영국 면의 생산량은 비약적으로 증가했다.

유럽이 새롭게 개발한 시스템은 유럽 밖에서 원료 공급지를 확보하고 유럽에서 완성품으로 가공하는 방식이었다. 면화, 사탕수수, 커피는 기후가 비교적 한랭한 유럽에서는 재배할 수 없었기에 다른 지역에서 재배해 유럽으로 들여와서 완성품으로 가공했다.

영국은 면직물을 공장에서 생산하는 데 성공하면서 세계 최초의 공업 국가로 거듭났다. 그러나 영국의 공업화는 유럽이 만들어낸 새로운 시스템의 일부에 지나지 않았다.

영국의 면직물 생산은 맨체스터를 중심으로 이루어졌다.

영국 산업 혁명의 중심지인 맨체스터

1750~1774년에는 맨체스터에서 생산된 면직물이 모든 수출 면직물의 48~86퍼센트를 차지했다. 유럽 굴지의 노예 무역항이던 리버풀은 맨체스터에서 얼마 떨어지지 않은 곳에 있어 무역과 제조업을 연결하는 거점 도시로 성장했다. 리버풀이라는 항구의 존재가 맨체스터의 발전을 뒷받침한 것이다.

영국은 아시아에 면직물을 수출해 아시아와의 무역 수지를 흑자로 전환했다. 나아가 유럽과 아시아의 무역 수지도 유럽 측의 흑자로 뒤바뀌었다. 이는 역사상 최초로 벌어진 역전이었다.

더욱이 모직물 같은 동물 섬유와 비교하면 면직물에 사용되는 식물 섬유는 훨씬 효율적으로 생산할 수 있다. 단순하게 생각해보자. 만일 모직물이 면직물 대신 사용된다면 양모 생산에 필요한 양을 사육하기 위해 얼마나 많은 토지가 필요하겠는가. 면직물은 생산에 필요한 토지를 상당히 줄일 수 있다. 영국의 면직물 생산은 이렇게 중요한 의미를 지니는 것이었다.

유럽 대륙의 공업화

영국이 물꼬를 트자 유럽 대륙에 공업화의 물결이 밀려들었다. 유럽 대륙을 뒤덮은 공업화의 물결에 대해서는 최초로 공업화에 성공한 벨기에와 제2차 산업 혁명을 추진한 독일을 중심으로 살펴보자.

벨기에가 영국의 뒤를 이어 세계에서 두 번째로 공업 국가로 성장할 수 있었던 이유는 확실하지 않다. 벨기에는 16세기 후반까지 유럽 산업의 중심지였고 18세기 후반부터 운하망이 확대되며 국민 경제 형성에 이바지했다는 사실을 일부 고려할 수 있다. 벨기에는 철강, 석탄, 기계, 중화학 등 대량 생산형 중화학 공업을 토대로 거대 주식 은행과 긴밀한 관계를 맺으며 발전했다.

벨기에의 공업화에는-다른 유럽 국가도 마찬가지지만-철도가 큰 역할을 담당했다. 런던에서 외채를 발행하고 자금을 조달해 벨기에, 독일, 프랑스를 연결하는 새로운 교통로인 철도가 개설되었다. '철의 라인'으로 불린 이 철도는 거대 은행이던 소시에테 제네랄(Société Générale)과 벨기에 은행이 후원했다. 이 두 은행은 제철, 석탄, 기계, 유리, 아마 방적, 탄광 철도, 운하 등 새로운 분야에 수많은 주식회사를 신설, 개편했다.

유럽의 공업화에서 특히 주목해야 할 나라는 독일이다. 독일은 1834년에 독일 관세 동맹을 체결해 독일 통일의 경제적 기반을 마

독일 관세 동맹

1834년에 프로이센을 중심으로 결성된 관세 동맹. 이 동맹을 주축으로 프로이센이 주도하는 독일 통일이 진전되었다.

독일 통일

영국과 프랑스와 대조적으로 독일에는 통일 국가가 없었다. 그러다 프로이센을 중심으로 독일 통일 움직임이 활발해져 1868년 프로이센·오스트리아 전쟁, 1870년 프로이센·프랑스 전쟁을 거쳐 1871년에 통일되었다.

련했다. 그리고 철도 건설이 독일 통일에 박차를 가했다. 1835년에 뉘른베르크와 퓌르트를 잇는 철도가 개통되면서 독일 철도망이 급속하게 확장었고 1872년에 이르면 철도 영업 킬로미터 수가 영국을 웃도는 수준으로 발전했다. 이 철도망 덕분에 독일 국내 시장이 급속하게 통일되었다. 독일은 하천을 이용한 물길과 철도망을 이용한 육로로 전 국토가 하나로 이어질 수 있었다.

한편 19세기 중엽, 독일의 루르 광산 지대가 크게 발전했다. 루르 광산 지대는 독일 중공업의 중심지로 떠올랐을 뿐 아니라 서유럽 최대 공업 지대로 발돋움했다. 공업화로 수요가 급증한 석탄을 루르 지역에서 제공하고 제철업은 철도 건설과 맞물려 몸값이 높아졌다.

독일에서는 화학 공업과 전기 공업이 눈부시게 발전했다. 이는 면직물 공업을 중심으로 하는 영국 산업 혁명과 다른, 제2차 산업 혁명이라 부를 만한 괄목할 성장이었다. 19세기 말 독일에는 고등 공업 전문학교와 공과 대학이 발전했고 과학 기술 교육이 진보해 전문 지식을 갖춘 기술자를 육성했다.

독일은 자본 수출 면에서도 비약적으로 발전했다. 제1차 세계 대전 직전 해외 증권 투자는 220~250억 마르크에 달했고 다른 직

제2차 산업 혁명

1870년대부터 미국과 독일을 중심으로 일어난 산업 혁명으로 중화학 공업이 중심을 이루었다 (영국이 주도한 제1차 산업 혁명은 면직물 생산 분야의 혁명).

접 투자도 주식 투자의 거의 절반에 이를 정도로 발전했다. 독일은 영국, 프랑스의 뒤를 이어 세계 제3의 자본 수출 국가로 성장했다. 독일 자본 수출의 주역은 국내 산업 자본과 그와 융합한 대형 은행 자본이었다. 반면 영국은 머천트 뱅크가 주력이었다. 독일에서는 거대 독점 기업과 금융 자본이 더 많은 이윤을 얻기 위해 자본 수출에 적극적으로 나섰다.

독일과 영국 공업화의 큰 차이는 식민지의 존재였다. 영국은 광대한 식민지를 거느리고 신세계에서 수입한 면화를 본국에서 완성품으로 가공해 면직물로 수출하는 시스템을 형성했다. 그러나 빈약한 식민지를 보유한 독일은 영국과 같은 시스템을 구축할 여력이 없었다. 그래서 중화학 공업에 투자했고 인공적으로 나일론 같은 합성 섬유를 개발했다. 면은 자연계에 있는 물질이지만 나일론은 자연계에 존재하지 않는다. 또 독일 대학에서는 중화학 공업에 필요한 전문 지식을 갖춘 기술자를 양성했다.

합성 섬유 생산은 생산물과 토지의 관계가 면직물보다도 훨씬 약하다. 즉 나일론 생산에는 광대한 토지가 필요하지 않다. 섬유 생산은 모직물 → 면직물 → 인공 섬유로 변화함에 따라 토지와의 관계가 옅어졌다.

독일 공업화에는 영국 공업화 이상의 자금이 필요했다. 영국 공

머천트 뱅크(Merchant bank)

어음 인수와 증권 발행을 주요 업무로 하는 금융기관의 한 형태.

업화에서도 철도가 중요했지만 유럽 대륙에서 철도의 중요성은 더욱 높아졌다. 철도로 유럽 대륙 각지에서 물자를 운송할 수 있었을 뿐 아니라 철도가 각 항구와 직접 연결되어 세계 각지에서 온 상품을 직접 여러 지방으로 실어 나를 수 있었다. 유럽 대륙의 시장은 철도로 통일되었다. 영국인은 아메리카 대륙, 인도, 일본 등지에도 철도를 부설했다. 철도는 세계 철광 산업 발전을 촉진하는 역할도 했다.

유럽의 공업화에 큰 역할을 한 증기 엔진

공업화로 이룬 혁신은 국경을 넘어 이동했다. 한 지역에서 다른 지역으로 새로운 산업과 시장이 확대되며 진화해갔다. 일종의 시장 통합이 발생해 거의 모든 지역에서 일 인당 소득이 증대했다.

동시에 유럽 대륙에서는 각국 정부가 적극적으로 투자에 나서 공업용 시설 설립을 독려했고 인프라스트럭처를 정비해 발 빠르게 상업 분야에 진출할 수 있도록 제도를 확립했다. 유럽 전체의 시장 통합과 연결, 각국의 경제 성장 등은 서로 상호 작용을 일으켰다.

이렇게 유럽 대륙에서는 하나의 시장이 만들어졌고 영국은 식민지와의 관계에 집중해 대영 제국의 통합을 공고히 하려는 경향을 보였다.

미국의 도전

영국은 대외 진출에 필요한 해운 자재를 나라 밖, 주로 발트해에서 조달해야 했다. 그러나 미국은 필요한 자원을 국내에서 충당할 수 있었기에 영국만큼 광대한 식민지를 관리할 필요가 없었다.

인프라스트럭처(infrastructure)

국민 복지 향상과 경제 발전에 필요한 공공시설.

미국은 보유한 대량의 해운 자재를 이용해 조선업, 해운업을 발전시켰고 프랑스 혁명·나폴레옹 전쟁 시기에 선택한 중립 무역이 미국 경제 성장의 밑거름이 되었다.

그림 13-1은 미국 서부의 발전을 보여준다. 1848년 시점에서 미국의 국경선은 태평양 연안에 도달했다. 1861~1864년에 벌어진 남북 전쟁이 끝나며 국가 분열의 위기에서 벗어났고 1869년에는 영국 자본으로 대륙 횡단 철도를 개통해 미국 국민 시장이 형성되었다. 이 철도 건설에 필요한 저렴한 노동력으로는 중국인 노동자가 동원되었다.

이처럼 공업화에 필요한 인프라스트럭처가 건설되자 미국의 공업화가 진전되었다. 이 시기 거대 기업이 만들어졌다. 록펠러는 석유 개발, 정제, 운송을 독점했고 카네기는 제철업을 크게 발전시켰다. 미국 공업화는 독일의 공업화와 마찬가지로 중화학 공업을 앞세워 제2차 산업 혁명이라는 호칭에 걸맞은 발전 양상을 보여주었다.

원래 미국은 국토가 광대해 유럽보다 기업 규모가 컸다. 미국 경제는 급격하게 성장했고 1894년에는 공업 생산 세계 1위 국가로 올라섰다. 그러자 록펠러로 대표되는 대부호가 등장했다. 록펠

프랑스 혁명·나폴레옹 전쟁(1793~1815)

프랑스 혁명기의 전쟁과 프랑스 황제로 등극한 나폴레옹이 일으킨 전쟁. 이들 전쟁으로 유럽 대륙은 전쟁의 소용돌이에 빠져 혼란기를 보내야 했고 최종적으로 영국이 유럽의 패권을 잡았다.

그림 13-1 **미국 서부의 발전**

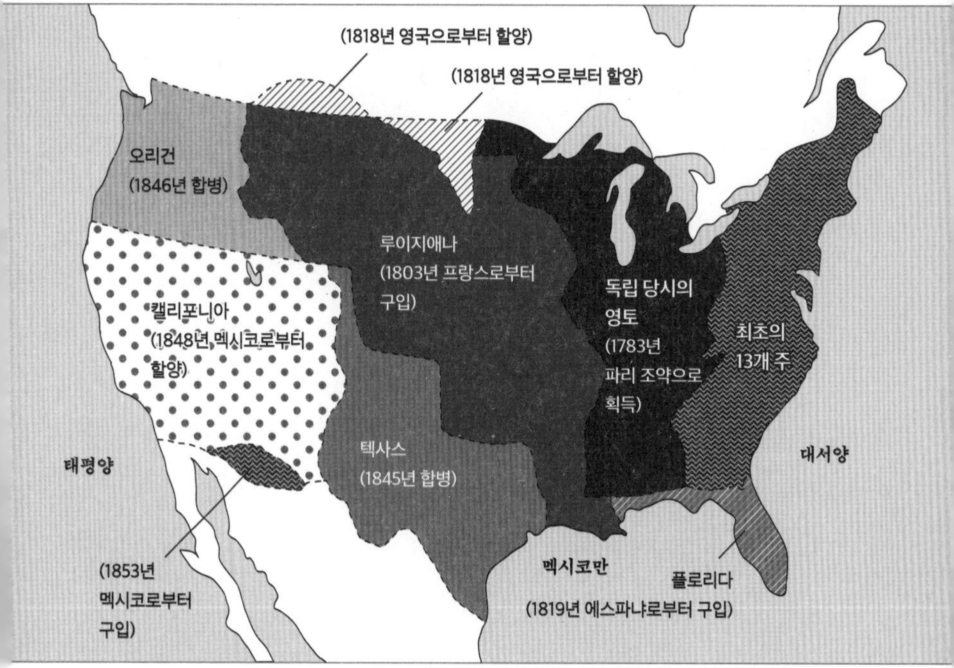

러는 1870년에 스탠더드오일(Standard Oil Co.)을 창설했다. 이 회사는 엄청난 규모로 커져 1878년에는 미국 석유 정제 능력의 90퍼센트를 보유한 공룡 기업으로 성장했다. 스탠더드오일은 1911년에 독점 금지법인 셔먼법(Sherman Act)에 따라 서른네 개 회사로 쪼개졌다. 스탠더드오일의 규모는 분열로 탄생한 회사만 보아도 알 수 있다. 오늘날의 BP, 엑슨모빌, 쉐브론 등의 전신이 스탠더드 오일의 분열로 만들어졌다. 스탠더드오일로 대표되는 거대 기업이 신흥 경제 대국 미국의 대표적 특징이다. 카네기와 J.P. 모건의 회사가 합병해 탄생한 US스틸이나 전화회사 AT&T가 거대 기업의 대표적인 예다.

이처럼 미국 경제가 크게 발전함에 따라 많은 노동자가 필요해졌다. 남북 전쟁 종결로 흑인 노예가 해방된 1865년 이후 값싼 대체 노동력으로 중국인이 이민자 자격으로 미국으로 건너왔다. 인도 이민자도 함께 증가했다. 중국과 인도 출신 이민자는 서유럽에서 온 백인 이민자보다 낮은 임금을 받고 흑인 노예를 대신해 일했다.

공업화의 변화와 세계 경제의 변화

앞에서 살펴보았듯, 영국의 공업화(제1차 산업 혁명)에서 가장 중요한 상품은 면직물이었다. 이 산업 혁명으로 영국은 '세계의 공

모직물에서 면직물, 그리고 합성 섬유로

중세 유럽에서는 모직물 공업이 발전했고 영국은 양모 공급의 중심지였다. 근세에 영국은 모직물 생산 국가였다가 18세기 말 산업 혁명으로 면직물 생산을 늘렸다. 이는 동물 섬유에서 식물 섬유로의 전환이며 같은 양의 섬유를 생산할 때 면직물은 모직물의 십이분의 일의 면적만 있어도 충분했다. 즉 토지 의존도가 점점 낮아진 것으로, 19세기 후반에 발명된 합성 섬유는 필요한 면적을 더욱 줄였다. 이러한 변천은 토지에 거의 의존하지 않는 경제의 탄생을 의미하며 초거대 도시가 출현하는 요인 중 하나로 작용했다.

장'이라는 별명을 얻었다. 맨체스터에서 생산한 면제품을 전 세계로 수출했기 때문이다. 한편 독일과 미국의 공업화(제2차 산업 혁명)에서 주요 산업은 중화학 공업으로 설비 투자에 상당히 거액의 자금이 필요했다.

제1차 산업 혁명이 소비재인 면직물로 거둔 성공이라면 제2차 산업 혁명에서는 생산재인 철강이 주역이었다. 물론 제2차 산업 혁명에서도 소비재의 중요성을 무시할 수는 없다. 세계는 공업화(산업 혁명)로 에너지의 주체가 식물과 동물에서 석탄, 이어서 석유로 바뀌었다. 유기물 의존 경제에서 광물 의존 경제로 전환한 셈이다. 광물 의존 경제는 지금도 이어지고 있다. 따라서 공업화(산업 혁명)가 우리가 사는 현대 사회를 형성했다고 볼 수 있다.

14

축소된 세계와 영국의 역할

축소된 세계

세계의 일체화는 언제 시작되었을까? 이것은 사실 쉽게 답할 수 없는 문제다. 이 책에서는 첫 번째 글로벌리제이션은 호모에렉투스의 아프리카 외부 진출, 두 번째 글로벌리제이션은 호모사피엔스의 아프리카 외부 진출, 그리고 세 번째 글로벌리제이션은 대항해 시대부터 오늘날까지 이어진다고 정의했다. 세 번째 글로벌리제이션을 좀 더 자세히 분류해 다양한 상품의 가격이 수렴된다는 의미에서 보면 이 세 번째 글로벌리제이션은 19세기 초에 시작되었다고 생각할 수 있다.

19세기 후반, 상품과 생산 요소 시장이 전 세계 규모로 통합되어 제1차 세계 대전이 시작된 시점에 세계 시장과 무관한 지역은 거의 없었다. 세계 경제가 하나로 통합되고 가격의 차이가 없어졌기 때문이다. 여기에는 무역과 대량의 이민이 주요 요인으로 작용했으며 개방 경제를 세계 일체화의 원인으로 추정할 수 있다. 실질 자금 차이는 1873~1914년 사이 전 세계에서 크게 줄어들었다.

1869년에 수에즈 운하가 개통되고 범선에서 증기선으로 이동 수단이 변화했으며 증기 엔진이 개량되는 등 운송 효율을 높이는 방법이 도입되었다. 영국의 리버풀과 봄베이(오늘날 인도 뭄바이) 사이의 면 가격의 차이는 1857년에 57퍼센트였으나 1913년에는 20퍼센트로 줄어들었다. 같은 시기 런던과 캘커타의 주트(황마) 가격차는 30퍼센트에서 4퍼센트로 줄어들었다. 또 전신의 발명과 발달은 노동 시장과 상품 시장 모두에 강력한 영향을 미쳤다.

세계 경제 통합은 당시 세계 경제를 이끌던 영국이 자유주의 경제 체제를 선택했기 때문이다. 여기에 증기선과 철도의 발달로 운송 비용이 눈에 띄게 줄어들었다. 1890~1910년에 철도 부설 거리가 급격히 늘어나며 노동자가 국경을 넘어 전 세계로 이동할 수 있게 되었다.

실제로 유럽만 놓고 보아도 남북 아메리카, 특히 미국으로 이주

수에즈 운하

이집트 수에즈 지협의 홍해와 지중해를 잇는 운하. 1869년에 프랑스인 F. M. 레셉스가 완성해 아시아와 유럽의 거리를 큰 폭으로 좁혔다.

수에즈 운하를 통과하는 수송선

하는 인구가 급격히 증가했다. 인구 밀도가 낮은 아메리카 대륙에서는 임금 상승 국면에 들어서며 노동자의 몸값이 높아졌다. 반면 공업화가 진전되었다고는 하나 아메리카 대륙보다 인구 밀도가 높은 유럽에서는 임금이 그다지 상승하지 않았다. 유럽에서 아메리카 대륙으로 이민 행렬이 줄을 이으며 1870~1910년에 국제적인 임금 격차는 28퍼센트나 감소했다. 한편 자본의 흐름 또한 증가해 가난한 나라에 거액의 투자가 이루어지기도 했다.

이러한 상황을 단순화해서 살펴보면, 19세기의 글로벌리제이션은 영국 제국의 강력함 때문에 실현될 수 있었다. 15세기 이후 유럽은 대외 진출을 경험했고 그 과정에서 유럽 세계는 크게 변모했다. 가난한 유럽인의 식탁은 신세계에서 온 곡물과 설탕, 커피, 아시아에서 온 홍차 등으로 채워지며 서서히 풍성해졌다. 유럽인의 생활은 엄청나게 달라졌다.

확실한 정보 입수처

유럽이 대외로 진출했다고는 하나 통신 속도는 쉽사리 빨라지지 않았다. 18세기까지 유럽 선박의 속도에는 거의 변화가 없다가 19세기가 되어서 겨우 속도 향상을 실현했다. 비교적 안정적인 속도를 낼 수 있었던 교통 수단은 범선이 아닌 증기선이었다. 증기선은 범선만큼 바람의 방향이나 날씨 변화에 영향을 받지 않았다. 그러자 '항해의 확실성'이 크게 증가해 예정된 시간에 도착하는 것이 점차 상식으로 자리 잡았다. 이는 사업 정보 입수의 확실성을 의미했다.

그림 14-1은 북대서양에서 최고 속도로 항해하는 선박의 크기와 속도 기록을 나타낸 그래프다. 이것을 보면 19세기 동안 선박의 크기와 속도 모두 상승했음을 알 수 있다.

그림 14-1 **북대서양 항로에서 우편 운반 증기선의 크기와 속도**

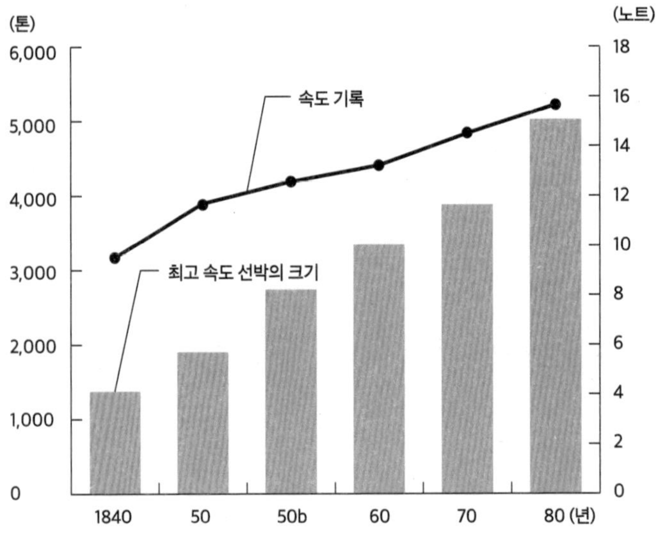

출처: Seija-Riitta Laakso, *Across the Oceans: Development of Overseas Business Information Transmission 1815-1875*, Finnish Literature Society, 2006.

출처: Kludas, 36, 45, 49, 58, 60, 148. 기록을 만든 배는 큐나드 라인(Cunard Line)의 그레이트웨스턴호(1840), 유럽호(1850), 콜린스 라인(Collins Line)의 퍼시픽호(1850b), 큐나드 라인의 페르시아호(1860), 스코시아호(1870), 1875년에 건조된 화이트스타 라인(White-star Line)의 저머닉호(1880).

19세기 후반에 들어서면 원양 항해에서 범선보다 증기선이 빈번히 활용되는 추세가 뚜렷하게 나타났다. 구체적인 예를 들면 영국의 항구에 드나드는 증기선 중 영국 선박의 비율은 1860년에 30.1퍼센트, 1870년에 53.2퍼센트, 1880년에 74.9퍼센트, 1890년에 90.8퍼센트로 가파르게 상승했다. 그리고 항해에 필요한 일수는 확실히 감소했다. 가령 브라질의 리우데자네이루에서 파우마스를 거쳐 영국의 사우샘프턴 사이의 통신 전달 일수는 1820년 범선에서는 62.2일, 1872년 증기선에서는 22.0일까지 단축되었다.

세계는 증기선 덕분에 더욱 좁아졌다.

증기선이 바꾼 아시아

19세기 전반에 영국 증기선이 상하이로 내항한 사건을 계기로 청나라는 1872년에 독자적 기선 회사인 윤선초상국(輪船招商局)을 설립했다. 한편 일본에서는 1885년 일본우선회사(日本郵船會社)를

물류를 장악한 유럽

1498년에 바스쿠 다가마가 인도에 도달한 후 유럽인은 유럽 선박을 타고 아시아로 찾아왔다. 이전에 아시아 상인의 손을 거쳐 수입하던 상품을 유럽 상인이 직접 수입하게 된 것이다. 이어서 유럽은 유럽 선박에 공업 제품을 실어 아시아로 보냈다. 우선 해상 무역으로 세계 물류를 장악하고 나서 유럽 제품을 수출했다. 수출이 먼저가 아니라 물류 장악이 먼저였다. 이 점에 대해서는 앞으로 좀 더 연구될 필요가 있다.

창설했다. 이 두 회사가 아시아 기선 회사를 대표해 유럽과 미국의 기선 회사와 경쟁했다.

독일은 1898년에 산동반도 남안의 교주만(膠州灣)을 조차지로 삼았다. 그리고 독일의 해운 회사 함부르크·아메리칸 라인이 청도(青島)를 아시아 진출 거점으로 정하고 청도에서 상해와 천진(天津) 사이에 증기선을 운항했다.

중국에서 상해를 오가는 전통적인 항해 노선은 범선이 맡았다. 그러다 20세기가 되자 유럽과 미국의 기선 회사가 중국 연안에서 활동하게 되었다. 1904년 9~10월 자료를 살펴보면 상해에서 북양(北洋) 항로 최대 목적지는 산동반도의 연대(煙臺)였고 두 번째가 천진이었다. 중국계 기선 회사가 주도권을 잡은 가운데 영국이 뒤를 바짝 추격했다.

중국에서도 증기선의 세력이 점점 확대되었다. 상해-항주 간 구식 민간 선박(범선)은 소형 기선으로 대체되었다. 기선은 내륙 하천에서도 사용되었다. 소주(蘇州)에서 상해로 가는 뱃길은 순조로울 때는 민간 선박으로 사오일 걸려 도착했지만 역풍이 불면 그 이상의 시일이 필요했다.

교통량이 엄청나게 많은 상해-영파(寧波) 항로, 상해-한구(漢口) 항로는 중국 해운 회사가 아닌 미국과 영국 회사가 지배했다. 이처럼 동아시아에 증기선이 들어오면서 운송량이 늘어나고 운송 일수는 큰 폭으로 줄어들었다. 정크도 가끔 눈에 띄었지만 동아시아의 물류를 크게 바꾼 주체는 증기선이었다.

표 14-1 **중국 항구에 입항하는 원양 항해 선박 톤 수**

(증기선 1,000톤)

연도	영국 선박	프랑스 선박	독일 선박	일본 선박	중국	전체
1872	652	58	81	—	—	945
1882	1,463	80	182	97	86	2,023
1892	2,439	124	363	218	147	3,460
1902	3,627	316	1,024	1,224	379	7,224
1912	4,931	600	1,310	2,991	2,006	12,848

출처: Hsiao Liang-Lin, *China's Foreign Trade Statistics, 1864-1949*, Cambridge, Mass., 1974, pp. 226~231.

표 14-2 **중국 항구에 입항하는 연안 항해 선박 톤 수**

(증기선 1,000톤)

연도	미국 선박	영국 선박	독일 선박	일본 선박	중국	전체
1872	1,633	1,330	223	—	18	3,303
1882	64	3,956	257	—	2,300	6,679
1892	36	7,220	371	98	3,113	11,240
1902	466	9,789	2,588	2,455	4,263	19,749
1912	556	14,103	1,775	6,930	6,584	30,144

출처: Hsiao Liang-Lin, *China's Foreign Trade Statistics, 1864-1949*, Cambridge, Mass., 1974, pp. 240~245.

증기선이 가져온 변화를 여실히 보여주는 증거가 표 14-1과 표 14-2다. 표 14-1은 중국의 항구를 드나드는 각국 원양 항해 선박 수를 보여주고, 표 14-2는 중국 항구를 드나드는 각국 연안 항해 선박 수를 보여준다(증기선 수).

어느 표에서나 영국 선박의 비율이 높다. 또 원양 항해는 인도 선박이 19세기 말에 약간 증가했고 20세기에 접어들면 중국 선박이 크게 상승했다. 독일 선박은 1885년에 참가한 노르트도이처 로이드(Norddeutscher Lloyd)가 우편 조성을 받으면서부터 증가했다. 1912년 중국 선박은 1904년에 통계 자료 기재 방법이 바뀌며 중국-홍콩 사이 목조 선박의 해운도 기록하게 되면서 가파르게 증가했다.

연안 항해 상황은 원양 항해와 약간 달랐다. 1872년에는 미국 선박이 가장 많았다. 그러다 1875년이 되면 영국 선박이 미국을 추월한다. 또 중국 선박의 수가 많았다는 사실에 주목할 가치가 있다. 1840~1872년에 중국의 해운 회사는 활동하지 않았고 1873~1898년에는 중국의 해운 회사 중 단 한 곳만 정상적으로 활동했다. 그러나 1898년부터는 중국 정부가 중국인이 증기선을 매입해 기선 회사를 만드는 것을 금지하지 않으면서 중국 선박이 널리 사용되었다.

중국에서는 1757년부터 1842년 난징조약까지 무역은 광주항 한 곳으로 한정되었다. 다만 정크는 광주뿐 아니라 다른 지역에서도 자유롭게 무역할 수 있었다. 그러나 아편 전쟁을 종결시킨

1842년 난징조약으로 광주, 하문, 복주, 영파, 상해 항구를 개항했고 정크 사용은 자연스럽게 감소했다. 중국과 시암(현재의 태국) 무역에서도 증기선 사용이 증가했다. 정크는 20세기에 들어서고 나서도 중국과 태국 사이 무역에서 사용되었지만 중요한 역할은 하지 못했다.

영국 증기선이 미친 영향

중국은 유럽 증기선 등장에 큰 충격을 받았다. 물론 그 중심은 영국 선박이었다. 정크는 일반적으로 증기선과 비교하면 소형이었다. 게다가 정크 역시 돛을 이용한 범선이었기에 속도를 내더라도 바람의 영향을 받기 쉬워 항행 속도가 안정적이지 못했다. 그러자 중국은 증기선 해운 회사 육성에 나섰지만 정부의 비효율적인 기업 운영 때문에 유럽과 미국 해운 회사와 경쟁하기 힘들었다.

19세기가 되면 동아시아와 동남아시아에서 중국의 상업 네트워크가 대영 제국의 테두리 안에 편입된다. 게다가 아시아 상품의

아편 전쟁(1840~1842)

영국이 청에 아편을 밀수했고 아편을 사기 위해 청에서 은이 유출되자 청과 영국이 전쟁 상태에 이르렀다. 전쟁에서 패배한 청은 난징조약을 체결해 거액의 배상금을 치르고 다섯 개 항구를 개항했으며 홍콩섬을 강제로 할양했다.

대다수(아마 이민의 상당 부분까지)가 미국과 유럽, 특히 영국 선박으로 운송되었기에 해운업 발달이라는 점에서도 일본을 제외한 아시아 각국은 세계 흐름에 뒤처졌다.

아시아의 무역 성장은 곧 일본의 무역 성장을 의미했고 아시아의 운송은 유럽과 미국, 그중에서도 영국에 크게 의존했다. 또 아시아 전신의 대부분은 영국제 기기를 사용했다. 따라서 아시아 무역 확대로 이익을 본 나라는 영국과 일본이었다.

그림 14-2는 영국 선박 회사인 P&O(Peninsular and Oriental Steam Navigation Company)의 우편선이 호주까지 운항한 항로를 보여준다. 그림을 보면 중국에도 진출했음을 알 수 있는데 상해와 광주가 이 회사의 항로에 들어와 있다. 이 항로로 우편뿐 아니라 승객과 상품까지 실어 날랐다. 영국 선박은 아시아는 물론 실론(오늘날 스리랑카)의 갈을 거쳐 호주까지 항해했다. 호주는 범선으로는 정기 항로 권내에 포함되지 않은 것으로 추정된다.

세계 대부분 지역이 영국 선박의 정기 항로로 이어졌다. 세계의 일체화는 영국 선박이 주도했으며 이 시기 유럽은 아시아보다 유리한 고지를 점하고 있었다.

원래 유럽은 아시아 상품 수입을 아시아의 운송에 의존했다. 예를 들어 향신료는 동남아시아의 말루쿠 제도에서 홍해까지 거의 아시아 상인 또는 이슬람 상인의 손으로 운송되었다. 유럽 상인이 해상 운송을 담당하는 지역은 지중해에 머물렀고 이탈리아 상인이 그 임무를 맡았다.

그런데 이제 세계 해상 물류는 유럽과 미국이 지배하게 되었다. 물류의 관점에서 바라보면 세계는 엄청난 변모를 겪었다.

그림14-2 **P&O 우편선의 호주 항로**

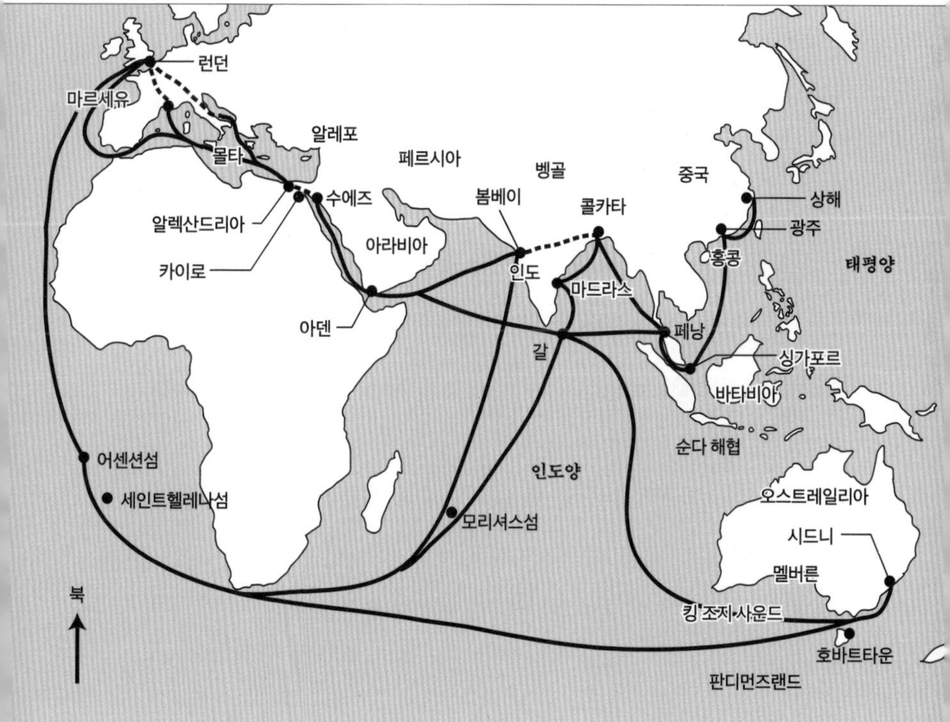

15

전신이 영국의 패권을 일구다

포르투갈과 달리 영국의 정보 유통에는 상인이 아닌 국가가 깊숙이 관여했다. 대영 제국은 절대 '상인의 제국'이 아니었다.

결론부터 말하면, 대영 제국은 전신(電信)으로 유지된 제국이었다. 전신 설비 부설은 국가의 군사 정책과 밀접하게 연관되어 있었다. 해외 전신 부설을 담당한 기관은 사기업이었지만 국가가 나서서 전신으로 제국 통합을 도모했다. 그래서 전신을 '보이지 않는 무기'라 불렀다. 전신이라는 무기로 영국은 세계를 제패할 수 있었기 때문이다.

영국은 전 세계에 증기선 상선을 보냈다. 20세기 초에는 톤 수로 환산하면 세계 선박의 절반이 영국 선박이라는 계산이 나올 정도다. 해상 보험과 그에 대한 재보험도 영국이 세계의 흐름을 선도

했다.

그리고 영국은 세계 전신의 대부분을 부설했다. 전 세계의 수많은 상업 정보가 영국제 전신을 통해 전파됨으로써 영국은 세계 정보의 집결지로 거듭났을 뿐 아니라 송금을 비롯한 다양한 경제적 이익을 챙길 수 있었다.

전신은 세계 상업 정보의 유통 속도를 비약적으로 높였다. 이는 거래 비용을 크게 줄여 세계 경제의 성장을 이끌었다. 동시에 영국은 자국에 이익이 되는 방향으로 세계 경제 활동 체제를 구축했다. 영국은 구조적 권력을 손에 넣을 수 있었다. 다시 말해 세계 경제

전신기

무대에서 '무엇이 옳은가?'를 결정하는 힘이 온전히 영국의 손에 맡겨졌다.

영국은 특히 전신 수수료 수입으로 막대한 이익을 얻었다. 이를 '수수료 자본주의'라 부를 수 있는데 수수료로 큰 이익을 확보한 국가가 번영하는 현상을 말한다. 패권을 장악한 국가는 국제 경제에서 '무엇이 옳은지', 즉 무엇이 정의인지를 결정할 수 있다. 다른 나라는 말하자면 국제 무역에 필요한 장사 밑천으로 수수료를 내야 했다. 영국에 내는 수수료는 국제 경제 활동에 필요한 경비로 여겨졌다.

영국 무역 수지 적자를 메꾼 전신 수입

표 15-1은 영국 자본의 흐름을 보여준다. 이 표를 보면 1710~1900년에 영국의 무역 수지가 흑자였던 해가 드물었음을 확실하게 알 수 있다. '세계의 공장'이라는 별명으로 불리며 면직물 공업으로 세계 최초의 공업 국가로 자리매김했지만 무역 수지만 놓고 보면 영국 경제에 별다른 보탬이 되지 않았다.

또 19세기 후반 이후 해운업에서 얻은 순수입, 보험과 무역으로 얻은 이익, 서비스에서 얻은 수입이 늘어났음을 알 수 있다. 19세기 영국은 세계 최대의 해운 국가였고 이 시기에 영국 해상 보험이 크게 발전했다. 서비스 부문의 수입원으로 가장 중요한 돈줄은 영

표 15-1 **영국의 무역과 서비스액**

(100만 파운드)

연도	무역 수지	해운업에서 얻은 순수익	보험 등	무역으로 얻은 이익	서비스로 얻은 수입
1710	-0.13	0.50	0.00	0.57	1.07
1720	-1.83	0.70	0.00	0.55	1.25
1730	-2.76	0.90	0.10	0.64	1.64
1740	-2.28	1.20	0.15	0.62	1.97
1750	0.48	1.50	0.23	1.13	2.86
1760	-2.36	1.80	0.29	1.32	3.41
1770	-4.44	2.80	0.29	1.14	4.23
1780	-3.82	3.20	0.26	1.06	4.52
1790	-10.14	4.20	0.45	1.79	6.44
1800	-10.24	5.20	0.73	2.92	8.85
1810	1.60	9.00	2.90	5.70	17.60
1820	-9.60	8.40	2.50	5.10	16.00
1830	-14.30	7.90	2.50	5.00	15.40
1840	-32.90	12.60	3.80	7.60	24.00
1850	-23.20	14.20	4.70	9.30	28.20
1860	-52.40	27.70	9.40	18.80	55.90
1870	-65.50	45.70	13.70	27.40	86.80
1880	-130.00	60.00	15.70	31.40	107.10
1890	-96.80	60.60	16.90	33.70	111.20
1900	-178.60	68.50	17.50	35.10	121.10

출처: Elise Scheiner Brezis, "Foreign Capital Flows in the Century of Britain's Industrial Revolution: New Estimates, Controlled Conjectures", *Economic History Review*, 2nd ser., Vol. 48. No. 1, 1995, p. 4부터 작성.

국이 다른 나라를 압도했던 보험과 전신이었다.

수수료 수입이라고 하면 감이 잘 잡히지 않을 수 있다. 세계 상업 거래의 결제가 이루어지는 장소는 어느 시대에나 세계 경제의 중심지다. 국제 무역 결제의 상당수는 한곳에서 이루어진다. 그래서 결제의 중심지를 가진 나라에 거액의 수수료 수입이 흘러든다. 본래 국제 무역 결제가 가능한 도시는 한정되어 있고, 그 도시가 세계 금융의 주축이 되며 그 도시가 속한 국가는 어마어마한 수수료 수입을 거머쥘 수 있다.

전신의 중요성

광대한 유럽에서 정보를 더욱 빠르고 정확하게 전달하는 일은 상업적으로든 군사적으로든 매우 중요했다. 상인은 되도록 신속하게 정보를 전달할 필요가 있었다. 그리고 세계 어딘가에서 전쟁이 벌어지는 이상 유럽 각국은 전쟁터와 본국 사이에 군사 정보를 최대한 빨리 주고받아야 했다.

이 문제를 해결하는 데 가장 큰 역할을 한 것이 전신이다. 그런데 해저 케이블을 매설하려면 케이블을 적재할 수 있는 거대한 증

해저 케이블

바닷속에 설치한 전신 통신용 케이블.

기선이 필요했다.

유럽 해운업과 전신은 같은 시기에 함께 발전했고 그 중심에는 영국이 버티고 있었다. 전신의 탄생으로 상업 거래에서 발생하는 위험이 크게 줄어들었다. 나아가 19세기 말에 전신망이 세계를 뒤덮자 약간의 차이는 있을지언정 동질의 상업 정보를 어디서나 같은 가격에 시차 없이 입수할 수 있게 되었다.

이처럼 전신은 세계를 근본적으로 변화시켰다. 전신의 영향력은 실로 엄청나서 오늘날 인터넷의 등장에 맞먹는 수준이라고 볼 수 있다. 전신으로 비로소 우리는 인간의 움직임보다 빠르게 정보가 이동하는 시대에 돌입했다.

초기 전신이 전달할 수 있는 정보의 양은 매우 한정적이었지만 전달되는 정보의 양이 늘어나면서 전신 없이는 사업 활동을 수행할 수 없을 지경에 이르렀다. 전신 부설에는 천문학적인 비용이 들어가 상인 한 명, 회사 하나가 도저히 감당할 수 없는 수준의 금액이었다. 해저 케이블 설치 비용을 감당할 수 있는 기관은 국가밖에 없었다.

그러나 영국이 일곱 개의 바다를 지배하는 제국이 아니었더라면 애초에 케이블을 가설할 엄두를 내지 못했을 것이다. 이런 의미에서 영국 정부는 전 세계에 깔린 정보망에 관여한 큰손이었던 셈이다.

전신의 발전

전신은 대부분 영국이 부설했지만 적어도 대서양 해저 케이블 매설에서는 미국과 영국이 경쟁 관계에 있었다. 미국이 영국의 뒤를 이어 패권 국가로 올라선 이유는 전신 발전의 시대, 곧 증기선 발전의 시대에 영국을 이어 '정보 국가'로 발전한 덕분이다.

전 세계에 철도가 부설되자 전신 보급에 박차가 가해졌다. 철도 운행 관리에 필요한 정보 교환에 전신이 필요했기 때문이다. 그래서 증기선과 철도와 전신은 동시에 나란히 발달했다. 영국 철도 회사는 잇따라 전신을 도입했고 1850년 영국 철도의 총 킬로미터 수는 1만 2,000킬로미터에 달했다.

세계로 퍼져 나간 전신망

도버 해협에 해저 케이블을 깔 때 초기에는 전신에 몇 겹으로 삼줄을 감고 그 위에 타르를 두툼하게 발라 바닷물의 침투를 방지하려 했다. 그러나 이런 노력에도 케이블은 얼마 안 가 못쓰게 되었다. 절연성을 확보하지 못했기 때문이다.

이 어려운 문제를 해결해준 것은 말레이시아 원산 열대 나무에서 얻는 구타페르카였다. 고무와 유사한 소재인 구타페르카는 싱가포르를 거쳐 영국에 들어왔으며 오늘날에는 치과 치료용으로 널리 사용되고 있다. 구타페르카는 해저의 높은 압력에서도 차가운 바닷속에서도 고무와 달리 오랜 세월 가소성을 유지하기 때문에 해저 케이블에 적합했다.

1851년에 도버 해협에 해저 케이블을 매설할 수 있었다. 이어서 잉글랜드와 아일랜드를 해저 케이블로 연결했다. 모두 구타페르카 덕분이었다. 1853년, 영국의 도버와 유럽 대륙의 오스텐더(벨기에)가 이어졌다. 영국-네덜란드, 영국-독일 사이에도 케이블이 깔렸다. 1857년에는 네덜란드, 독일, 오스트리아, 러시아의 상트페테르부르크가 서로 통신할 수 있게 되었다. 또 지중해에는 프랑스와 이탈리아 정부를 위한 케이블이 깔렸다.

그러나 대서양 해저 케이블 매설에는 좀처럼 성공하지 못했다. 애초에 대서양의 수심은 8,000미터에 달할 정도로 깊다. 어지간히 거대한 증기선을 동원해도 해저 케이블 매설은 불가능했다. 이 난제를 해결하고자 영국과 미국이 협력했다. 대서양 횡단 케이블 매설은 1857년에 처음 시도했지만 실패했고 1866년 7월이 되어서야 가까스로 통신이 가능한 케이블을 매설할 수 있었다.

전신을 이용한 인도와의 최초의 통신 전달은 1864~1865년에 이루어졌다. 이스탄불에서 바그다드를 거쳐 이라크의 알포로 이어지는 터키 정부의 라인에 접속했다. 알포에서부터는 이란의 부셰르와 자스크를 거쳐 파키스탄의 카라치에 도달하는 연안 케이블(페르시아만 케이블)을 매설했다. 이 라인은 페르시아를 가로지르고 부셰르를 횡단해 테헤란에 도달하는 육상 라인으로 연장되었다.

1872년에는 인도 라인으로 이어지는 네 개 회사가 합병해 이스턴 텔레그램이라는 회사를 창설했다. 이스턴 텔레그램은 영국 제국주의 정부가 뒤에서 입김을 불어 넣어 싱가포르, 홍콩, 호주, 뉴질랜드 전신선을 장악했다. 같은 해 호주가 전신으로 종주국 영국과 이어지며 근대적인 시스템이 가까스로 호주에 도달하게 되었다.

한편 덴마크·노르웨이·영국 전신회사, 덴마크·러시아 전신회사, 그리고 노르웨이·영국 전신회사가 합병되어 1869년에 그레이트 노던 텔레그래프 컴퍼니(The Great Northern Telegraph Company, GNTC)가 설립되었다. 이 회사는 러시아의 상트페테르부르크에서 블라디보스토크까지 전신을 부설했다. 육상 라인이 해저 케이블과 연결되고 1871년에는 블라디보스토크, 상해, 나가사키, 하문, 홍콩까지 전신망이 연장되었다. 또 일본에도 전신이 매설되었다.

19세기의 마지막 10년 동안 여러 케이블 시스템이 이어졌는데 미국과 아프리카, 아프리카와 호주, 마지막에 태평양이 연결되었다. 1902년에 태평양 케이블 보드가 캐나다에서 호주와 뉴질랜드에 해저 케이블을 매설했다. 이듬해에는 샌프란시스코에서 하와이 호놀룰루를 거쳐 필리핀 마닐라로 케이블이 이어졌다. 이로써 전 세계가 전신으로 이어지게 되었다.

대서양 횡단 케이블 매설

수수료 자본주의 국가 영국

경제 성장 측면에서 세계 여러 지역이 영국을 맹렬히 쫓아 추월했지만 영국은 안방에 가만히 앉아 수수료로 충분한 수익을 벌어들이는 구조를 완성했다. 영국이 개입하지 않는 국가 간 거래에도 영국제 전신, 선박, 해상 보험을 이용했고 런던 금융 시장에서 결제했다.

1870년 무렵부터 확실히 영국은 공업 생산국 지위에서 다른 국가에 밀리기 시작해 세기말에는 세계 일등 공업 국가 자리에서 내려와야 했다. 1894년에 '세계의 공장'으로서의 지위를 미국에 내주었으나 영국은 세계 최대 해운 국가로 미국과 독일의 공업 제품 일부는 영국 선박으로 운송되었으며 영국 보험 조직인 로이드의 해상 보험을 들었다.

특히 로이드는 해상 보험에서도 재보험을 중심으로 운영했는데 재보험 시장의 이율이 해상 보험 이율도 어느 정도 결정했다. 따라서 영국은 설령 공업 생산에서 세계 최고의 지위를 잃더라도 아무 걱정이 없었다. 오히려 세계 다른 지역의 경제 성장이 영국의 부를 착실하게 불려주었다.

세계 각국이 영국의 인프라를 경제 활동에 사용하지 않을 도리

로이드(Lloyd's)

런던에 있는 세계적인 보험 조직.

가 없었기 때문이다. 그중에서도 전신이 가장 중요했다. 이전에는 아시아의 특정 도시에서 발행된 어음이 몇십 일 혹은 그 이상의 시일이 걸려 런던에서 승인되었으나 전신 덕분에 그 시간이 이삼일로 줄었다. 전신을 활용하기 전에는 현지의 수급과 가격 상황을 추측에 의존하고 정확한 자료 없이 상품을 보내야 했다. 또 주문한 상품이 언제 도착할지 알 길이 없었기에 내구성이 있는 상품을 대량으로 창고에 저장할 수 있는 자본력을 갖춘 거대 상사가 국제 무역에서 지배적 위치를 차지할 수밖에 없었다. 그런데 전신이 발달하며 과거 국제 무역을 주름잡던 거대 상사가 몰락했다.

포르투갈 상인이 활약하던 근세에는 국제 무역 상인의 정보 네트워크에 국가가 그다지 관여하지 않았다. 굳이 국가가 간섭할 정도로 거액의 인프라가 필요하지 않았기 때문이다. 영국에서도 해외 전신망을 매설한 주체는 그레이트 이스턴 같은 사기업이었다. 그러나 이들 기업은 영국의 대함대를 등에 업고 있었기에 해외에서 활약할 수 있었다. 영국 대함대는 대영 제국을 정치적, 경제적으로 보호하는 수호자 역할을 했다.

수수료 자본주의와 전신

자본주의 세계에서 큰돈을 벌려면 자신이 직접 벌기보다는 타인이 벌게 하고 타인의 이익에서 자신의 몫을 챙겨야 한다. 패권 국가 영국은 전신을 개발해 전 세계에 보급했다. 국제 무역은 영국의 전신을 이용해야 했고 국제 무역의 결제가 영국에서 이루어졌다. 영국은 국제 무역의 결제로 발생하는 수수료가 '자동'으로 들어오는 시스템을 구축했다. 말하자면 재주는 곰이 넘고 돈은 주인이 버는 구조를 구축하는 데 성공한 셈이다.

영국은 모든 것이 영국의 이익으로 돌아오는 패키지를 만들었고 그 중심에 전신이 자리했다. 이는 영국 수수료 자본주의의 승리라고 할 수 있다.

영국의 통합 시스템과 전신

전신은 제국주의를 표방하는 '보이지 않는 무기'였다. 전신망이 발달하지 않았다면 대영 제국의 통치 시스템의 효율성은 상당히 열악했을 것이다. 아예 제국 유지가 불가능했을 수도 있다. 전신은 중요한 제국 내부의 정보를 정확하게 전달할 수 있게 해주었다. 대영 제국 그리고 전신은 상업 정보 전달의 확실성을 엄청나게 증가시켰다.

영국은 모든 부가 자국을 중심으로 움직이는 시스템을 구축했다. 그러나 영국이 자력으로 이 시스템을 완성한 것은 아니다. 애당초 영국이 금 본위제를 채택한 것은 1703년 포르투갈과 맺은 메수엔 조약으로 브라질의 금이 영국으로 유입되고 나서부터다. 영국은 제국주의 노선으로 들어섰기에 금 본위제를 채택할 수 있었고 전신의 발달로 세계 금융의 중심이 되었으며 패권을 장악할 수

금 본위제

금을 본위 화폐로 하는 화폐 제도로 금과 중앙은행이 발행하는 지폐 태환을 전제로 한다.

있었다.

사실 영국이 전 세계의 주도권을 장악한 1870년대에 많은 국가가 금 본위제를 채택했는데 이는 세계 금융의 중심인 영국이 금 본위제를 채용했기 때문이었다. 영국의 금융력은 세계 경제를 좌우할 정도로 강력했다. 그리고 그 근간에 전신이 있었다. 영국사가 대니얼 헤드릭의 말처럼 전신은 '보이지 않는 무기'였다.

16

미국이 주도한 20세기

미국이 패권을 잡다

미국은 유라시아 대륙에서 상당히 떨어진 곳에 자리 잡고 있다. 그래서 유라시아 대륙에서 전쟁이 벌어졌을 때 미국이 참전하는 것은 간단한 일이지만 유라시아 대륙의 국가가 미국 본토 공격에 나서기는 쉽지 않았다. 쉽게 말해 미국은 전쟁에 휘말릴 가능성이 적은 국가였다.

이러한 지정학적 특성은 미국에 매우 유리하게 작용했다. 제1차 세계 대전(1914~1918년)에 참전함으로써 미국의 지위가 크게 상승했다. 원래 미국은 1823년 먼로주의로 제창한 외교상의 불간섭주의를 일관되게 유지해왔다. 그러다 1917년 4월 미국이 연합국 측에 가담해 전쟁에 뛰어들자 연합국의 승리가 확실해졌다.

세계 대전 이전에 채무국이었던 미국은 전쟁이 끝나고 채권국으로 변신했다. 전쟁을 계기로 미국은 세계 최대의 경제 대국으로 성장했고 뉴욕은 런던과 어깨를 나란히 하는 국제 무역 결제의 중심이 되었다.

대공황

1920년대에 미국은 번영의 시대를 맞이했다. 그러나 장밋빛 시절은 오래가지 않았다. 과잉 투자의 결과로 이른바 거품 경제가 찾아왔고 1929년 10월 24일 파국을 맞았다(검은 목요일Black Thursday).

미국 금융가인 월가의 주식 거래소에서 주가가 무섭게 폭락했다. 불황은 좀처럼 회복될 기미를 보이지 않았고 미국 실업률은 25퍼센트까지 치솟았다. 불황의 여파는 세계 각지로 퍼져 나가 1929년부터 1932년에 걸쳐 세계 공업 생산은 반 토막이 났다. 미국의 불황이 세계 경제를 뒤흔들어 놓은 상황을 보면 당시 미국 경제의 크기를 가늠할 수 있다.

세계 대공황에서 탈피하기 위해 미국의 루스벨트 대통령(1882~1945년)은 기존의 자유방임주의 노선을 포기하고 뉴딜 정책을 시행했다.

식민지를 거느린 유럽 각국은 본국과 식민지를 하나로 묶어 경제권을 형성하는 블록 경제 체제에 돌입했다. 그러나 세계 각국이 빗장을 닫아걸자 세계 무역량이 감소하며 불황이 더욱 심각해졌다. 식민지를 가진 나라(영국, 프랑스, 미국)와 가지지 않은 나라(독일, 일본, 이탈리아)가 각을 세우며 대결 구도가 만들어졌고 이는 제2차 세계 대전을 촉발시킨 여러 가지 원인의 하나가 되었다.

러시아 경제

제1차 세계 대전이 한창이던 1917년, 러시아 혁명(10월 혁명)으로 세계 최초의 사회주의 국가가 탄생했다. 이때 무장봉기한 정권을 장악한 레닌(1870~1924년)이 이끄는 볼셰비키가 1991년 소비에트 사회주의 공화국 연방(소련)이 붕괴할 때까지 정권을 유지했다.

1919년 모스크바에서 코민테른(국제 공산당)이 조직되어 세계적인 공산주의 운동을 펼쳤고 1922년에 소련이 성립되었다. 1928년~1932년에는 스탈린(1879~1953년)이 제1차 경제 개발 5개년 계획을 추진해 중공업을 중시하고 농촌에 집단 농장을 만들었다. 제1차 5개년 계획을 시행하고 있을 때 자본주의 국가에서 대공황이 발생

뉴딜 정책(New Deal)

1929년에 발생한 세계 공황에서 회복하기 위해 미국의 프랭클린 루스벨트 대통령이 추진한 정책. 실업 구제 활동 및 공공사업 등 재정 적자를 용인하고 대규모 지출 정책을 단행했다.

레닌(왼쪽)과 스탈린(오른쪽)

했으나 소련은 일종의 쇄국 상태로 철의 장막 안에 틀어박혀 있었기에 별다른 영향을 받지 않았다.

제2차 경제 개발 5개년 계획(1933~1937년)에서는 소비재 생산을 위해 경공업의 비중을 늘리다가 급부상하는 나치스에 대항하기 위해 다시 중공업을 중시하게 되었다. 결국 경공업보다 중공업을 중요시하는 경제 정책은 이후 소련의 노선으로 자리 잡았다.

나치스 독일의 급부상

제1차 세계 대전에서 패배한 독일은 거액의 배상금을 지불해야 했다. 배상금은 1921년에 최종 1,320억 마르크로 결정되었으나 독일은 이 돈을 갚을 경제력이 없었다. 막대한 전쟁 배상금은 1919년에 성립된 독일의 바이마르 공화국에 너무 큰 부담이었다. 마르크는 폭락했고 1922년부터 연간 인플레이션 비율이 1조 퍼센트에 달하는 하이퍼인플레이션이 찾아왔다. 1924년에 배상 문제를 해결하고자 도스안(Dawes Plan)이 채택되어 미국 자본의 원조로 독일 경제가 회복했다.

바이마르 공화국

바이마르 헌법에 기초했던 1919~1933년 독일의 공화국. 국민의 직접 선거로 선출된 대통령제, 의회제를 실현했다. 제1차 세계 대전의 강화 조약인 베르사유 조약으로 거액의 배상금을 갚아야 하면서 극심한 인플레이션이 발생했고 경제 운영에 난항을 겪으며 나치스의 등장을 허용했다.

그림16-1 **인도·중국·일본의 수출 수량 지수**(1902년=100)

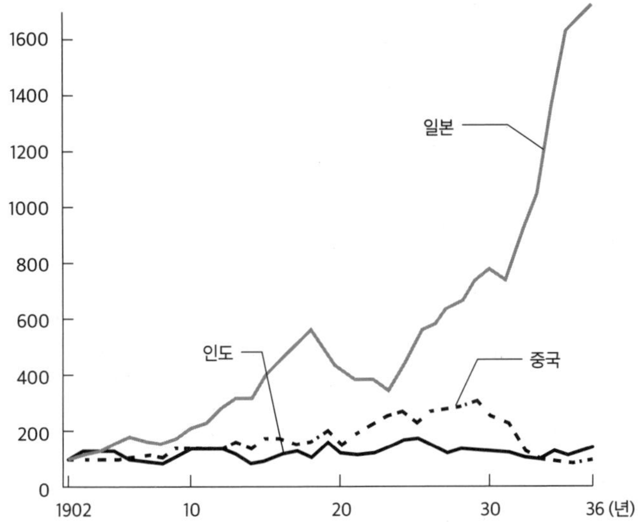

출처: Governor-General in Council, *Annual Statement of the Trade and Navigation of British India*, various issues. Governor-General in Council, *Annual Statement of the Sea-Borene Trade and Navigation of British India*, various issues. 중국총세무사서 『중국 해관 화양 무역 총책』. 중국총세무사서 『해관 내외 무역 통계 연간』. 대장성 『대일본 외국 무역 연표』. 『일본 외국 무역 연표』. 조선총무성 『조선 무역 연표』. 타이완 총무성 『타이완 무역 연표』.

주: 인도의 무역 물가 지수는 스기하라 가오루의 「인도 근대사에서 원격지 무역과 지역 교역, 1868~1938년」, 『도요분카』, 82호, 2002년 3월, pp. 41~42.

일본의 무역 물가 지수는 야마모토 유조·야마자와 잇페이의 『무역과 국제수지』, 도요게이자이신문사, 1979년, pp. 192~199.

중국의 무역 물가 지수는 『나카이 경제 지수 자료 누편, 1913~1952년』, 중국 사회과학 출판사, 1988년, pp. 375~376.

그러나 1929년에 세계 대공황이 발생하며 독일 경제는 다시 나락으로 떨어졌다. 이러한 상황에서 등장한 아돌프 히틀러(1889~1945년)가 이끄는 나치스가 영향력을 떨치기 시작했다.

나치스는 1932년 선거에서 제1당이 되었고 이듬해인 1933년에는 '전권 위임법'이 국회에서 가결되어 정부는 국회 의결을 거치지 않고 법률을 제정할 수 있게 되었다. 이 법안으로 나치스의 독재가 시작되었다.

경제 측면에서 나치스는 아우토반(자동차 전용 고속도로)을 건설하는 등 실업 대책을 추진했다. 이는 미국의 뉴딜 정책보다도 경제를 안정시킨 영리한 정책이었다.

나치스 독일은 유대인 탄압, 군비 증강 정책을 강행해 국제 사회의 비난을 받았다. 그러나 영국, 프랑스와 유화 정책을 취해 나치스의 독재를 막지 못했다. 1939년 제2차 세계 대전이 발발했다.

동아시아 경제의 변모와 일본

그림 16-1은 인도·중국·일본의 수출 수량 지수를 보여준다. 그래프를 보면 일본의 수출이 압도적으로 늘었고 중국과 인도의 수출, 특히 인도의 수출에는 거의 변화가 없음을 알 수 있다.

두 번의 세계 대전을 치르는 동안 아시아 무역에서는 제국주의 정책을 취한 일본의 무역액이 크게 늘어났다. 개국 후에 일본 수출의 중심은 제1차 생산품이었으나 세기 전환기에 공업 제품 수출이 1차 생산품을 웃돌았다. 1920년대 말에는 일본의 공업 제품 수출 비율이 전체 수출의 70퍼센트에 달했다.

일본과 식민지와의 경제 관계는 무척 긴밀했고 1930년대 후반 무역액은 영국의 대식민지 무역을 넘어서며 세계 최대 식민지 제국이 되었다. 일본의 수출품은 면제품, 잡화 등을 중심으로 한 경

그림16-2 **중국 항구에 입항하는 원양 항해 선박의 톤 수**(증기선)

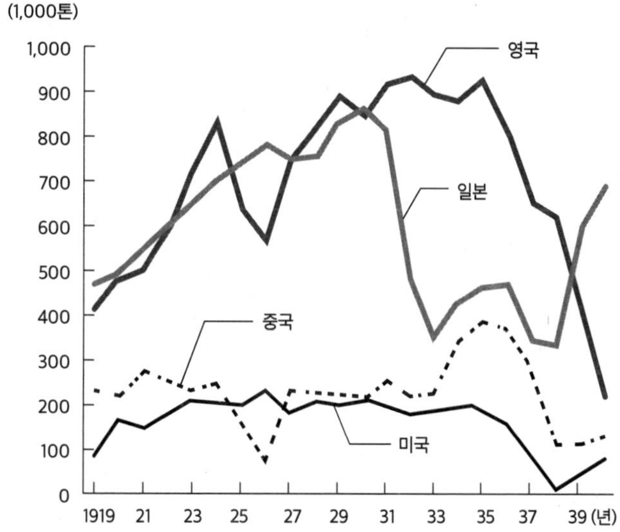

출처: Hsiao Liang-Lin, *China's Foreign Trade Statistics*, pp. 226~231.

그림 16-3 **중국 항구에 입항하는 연안 항해 선박의 톤 수**(증기선)

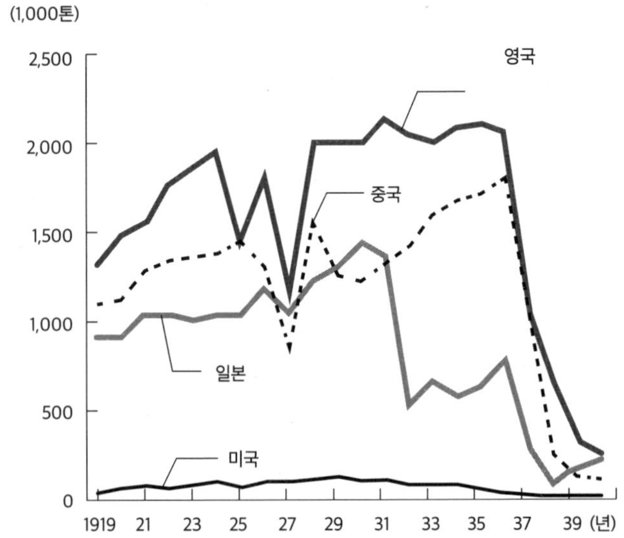

출처: Hsiao Liang-Lin, *China's Foreign Trade Statistics*, pp. 240~245.

공업 제품이었고 기계 수출처는 동아시아, 특히 식민지로 집중되었다.

일본은 식민지에 금융 기관을 설치하고 인프라 정비, 직접 투자로 자본주의 메커니즘에 바탕을 둔 생산과 유통에 몰두했다. 그림 16-2는 중국 항구에 입항하는 원양 항해 선박의 톤 수를, 그림 16-3은 연안 항해 선박의 톤 수를 보여준다. 이 두 그래프로 두 번의 세계 대전 기간 영국 선박이 얼마나 많았는지를 알 수 있다.

일본은 식민지와의 경제 관계를 강화했으나 해운업에서는 영국의 영향력이 여전히 강했다(인도는 영국의 식민지였기에 영국 선박이 가장 많았다고 추측할 수 있다). 따라서 일본과 식민지를 연결하는 적지 않은 부분이 영국 선박에 맡겨졌음을 알 수 있다.

브레턴우즈 회의

제2차 세계 대전에서 연합국의 승리가 확실시되자 전후 국제 금융과 통화 체제를 결정하기 위한 회의가 1944년 7월, 44개국이 참가한 가운데 미국 뉴햄프셔주 브레턴우즈에서 열렸다(브레턴우즈 회의).

제2차 세계 대전의 전장이었던 유럽 경제는 피폐해졌다. 과거 패권을 차지했던 영국 경제도 휘청였다. 제1차 세계 대전 직전 영국 정부의 채무 대비 GDP 비율은 29퍼센트였으나 제2차 세계 대전이 끝났을 무렵에는 240퍼센트까지 치솟았다.

브레턴우즈 회의는 세계의 주도권이 영국에서 미국으로 넘어갔음을 판정하는 회의였다. 대외 무역이 확실하게 회복하고 재건과 기술, 경기 회복에 필요한 거액의 자본을 제공하는 기관이 필요해 국제통화기금(IMF)과 국제무역기구(ITO), 국제부흥개발은행(세계은행, IBRD) 창설을 결정했다(ITO는 실현되지 못했다). 그리고 금 1온

스를 35달러로 고정하는 금 본위제를 채용했다. 달러와 연동해 각국 통화 교환 비율이 결정되는 고정 환율제도 구축되었다. 미국 달러에 세계 경제의 기축 통화 임무가 부여되었다. 이러한 조치는 미국 달러가 다른 나라의 통화보다 훨씬 강하고 변동 폭이 크지 않아야 유지될 수 있는 체제였다.

패권 국가의 탄생과 전쟁

이 책에서 말하는 패권 국가는 경제적 개념이지만 그 탄생과 쇠퇴에는 큰 전쟁이 관계되어 있다. 패권 국가는 세계의 여러 지역과 경제적 이해관계로 얽혀 있다. 그러므로 큰 전쟁이 발발하면 헤게모니 체제가 유리하게 작용하기도 하고 불리하게 작용하기도 한다. 어느 국가에 유리하게 작용하면 새로운 패권 국가가 탄생하고 주도권을 쥐고 있던 기존의 국가는 세력을 상실한다.

세계 최초로 패권 국가 자리에 오른 네덜란드는 30년 전쟁(1618~1648년)을 종결시킨 베스트팔렌 조약으로 에스파냐로부터

기축 통화

국제 거래에 사용하는 주요 통화. 대개 시대에 따라 경제력이 있는 국가의 통화를 사용한다.

베스트팔렌 조약

1648년에 체결된 30년 전쟁의 종결을 위한 강화 조약. 이 조약으로 주권 국가 성립이 승인되었다.

의 독립을 승인받고 패권 국가가 되었다.

제2차 백 년 전쟁(1688~1815년)을 치르는 사이 네덜란드의 헤게모니는 약화되었고 1815년에 나폴레옹 전쟁을 종결시킨 빈 조약에서 영국이 패권 국가로 등장했다. 제1차 세계 대전으로 영국의 헤게모니가 붕괴하자 미국이 부상했다. 그러나 아직 미국이 완전히 주도권을 가졌다고 볼 정도는 아니었다. 미국이 패권 국가가 된 것은 제2차 세계 대전이 끝난 1945년 무렵의 일이었다.

브레턴우즈 체제와 패권을 차지한 미국

미국 본토는 제1차 세계 대전과 제2차 세계 대전의 포화에서 벗어나 평화를 유지했다. 미국은 두 번의 세계 대전을 거치며 막대한 경제적 이익을 챙긴 유일한 국가이기도 했다. 이로 인해 전후의 미국이 압도적인 경제력을 지닌 국가로 등장한 것이다.

제2차 세계 대전 후 미국에는 식민지가 거의 없었으나 전 세계에 함대를 파견해 자국의 이익을 지키고자 했다. 이런 점에서 영국과 닮았으며 영국과 마찬가지로 국가 재정에 큰 부담이 되었다.

미국이 세계 경제를 지배하는 방법은 영국과 전혀 달랐다. 수많은 국제기관 창설의 배후에 미국이 버티고 있었다. 미국은 자국의 힘뿐 아니라 국제기관을 이용해 세계 경제의 주도권을 장악하려 했다. 브레턴우즈 회의는 이 시스템을 구축하기 위한 회의였다.

IMF와 세계은행이 바로 미국이 패권을 차지하는 데 첨병 역할을 하는 국제기관이었다.

미국의 경제력이 압도적으로 강했기에 국제기관을 손바닥 위에 올려놓고 주무를 수 있었다. 1946년에 세계 GNP의 절반 가까이를 미국이 차지했다. IMF는 가맹국 경제에 간섭할 수 없지만 IMF에 가장 많은 금액을 출자한 국가가 미국이다.

반면 세계은행은 국제연합의 독립기관이다. 그리고 IMF의 가맹국이 아니면 세계은행에 가입할 수 없다. 따라서 현실에서는 IMF의 힘이 세다. 또 세계은행 총재는 미국이 선출하게 되었다. 이처럼 브레턴우즈 체제는 미국의 패권을 상징하는 체제이며 이러한 기조는 지금도 여전히 이어지고 있다.

미국의 패권은 이 체제와 더불어 힘을 얻었다. 다만 미국의 패권이 동유럽 사회주의 국가에까지 미쳤는지는 판단하기 힘들다. 그러나 사회주의 국가의 수장이던 소련의 암시장에서 미국 달러가 유통되었음을 고려하면 동유럽 사회주의 국가도 자본주의 진영에 경제적으로 편입되었다고 볼 수 있다. 사회주의란 어디까지나 자본주의가 있어야 기능하는 시스템이었다. 세계 금융 시스템의 중심은 미국이며 미국 달러를 기축 통화로 정하고 고정 환율제가 유지되었다.

미국은 영국과 달리 광대한 식민지를 거느린 제국을 형성하지 않았다. 그 대신 이 나라는 전 세계에 군대를 파견해 미국의 정치 체제, 나아가 경제 체제를 유지하고자 했다. 미국의 다국적 기업은 이러한 미국의 보호막 안에서 세계 각지로 진출했다. 세계적인 다국적 기업의 대다수가 미국 기업이었다.

영국의 헤게모니와 달리 미국의 헤게모니는 세계 경제 성장 그 자체가 자국의 이익이 되는 구조가 아니었다. 예를 들어 IMF 참가국이 늘어나면 금융 부문에서 미국의 영향력이 저하된다. 바로 이 부분에 미국 헤게모니의 치명적인 한계가 있었다.

미국 쇠퇴의 시작

1950~1973년의 미국 경제 성장률은 평균 2.2퍼센트였다. 프랑스는 4.0퍼센트, 독일은 4.9퍼센트, 이탈리아는 5.0퍼센트, 영국은 2.5퍼센트, 일본은 8.0퍼센트였다. 당시 선진국 가운데 미국이 가장 낮다. 물론 미국 경제의 규모가 워낙 컸기에 경제 성장률이 낮은 게 당연했다. 그러나 미국의 경제력이 저하되고 자본이 국외로 유출된 것은 사실이었다.

세계 경제에서 차지하는 미국의 GDP 비율은 2014년에는 22.5퍼센트 정도였다. 역시 세계 최대 경제 대국답다. 고정 환율제는 미국 경제가 압도적으로 강했기에 유지할 수 있는 제도였다. 당연히 미국 경제력이 약해지면 이 체제는 위태로워진다.

그날은 느닷없이 찾아왔다. 1971년 8월 15일, 미국의 닉슨 대통령(1913~1994년)은 고정 비율로 달러 화폐와 금의 태환을 일시 정지한다고 발표했다. 이 발표는 닉슨 쇼크(Nixon shock)라고 불릴 정도로 전 세계에 어마어마한 충격을 주었다. 이는 미국 경제가 힘을 잃었음을 보여주는 사건이며 통화 체제의 일대 변혁을 의미했다. 전후 세계를 형성한 IMF 체제의 종언이기도 했다.

게다가 미국 경제력 저하를 분명히 드러내는 사건이 있었다. 제2차 세계 대전 이후 석유 가격을 결정하는 주체는 '메이저(majors)'라 불리던 미국을 중심으로 한 거대 석유회사였다. 세계 석유 시장을 쥐락펴락하던 이들이 가격결정권을 잃어버리는 날이 왔다.

1973년 10월 6일에 제4차 중동 전쟁이 발발하자 이를 계기로 석유 수출국 기구(OPEC) 가맹 산유국 중 페르시아만의 6개국이 원유 공시 가격을 1배럴 당 약 3달러에서 약 12달러로 올리겠다고 결정했다(제1차 석유 파동). 미국은 석유 가격결정권을 상실했다. 이는 미국 다국적 기업의 패배였고 미국 패권의 쇠퇴를 의미했다. 이로써 자본주의 진영에서 바라본 전후 경제는 완전한 종말을 맞이했다.

경제 성장률이 높아진 사회주의 국가

제2차 세계 대전이 시작되었을 때 사회주의 국가는 소련밖에 없었다. 그러나 전쟁이 끝나자 동유럽 국가들(불가리아, 체코슬로바키아, 동독, 헝가리, 폴란드, 루마니아, 알바니아, 유고슬라비아)이 나란히 사회주의 국가 진영에 편입되어 서유럽에 큰 위협이 되었다(그림 16-4).

그림 16-4 **동유럽 사회주의 국가**

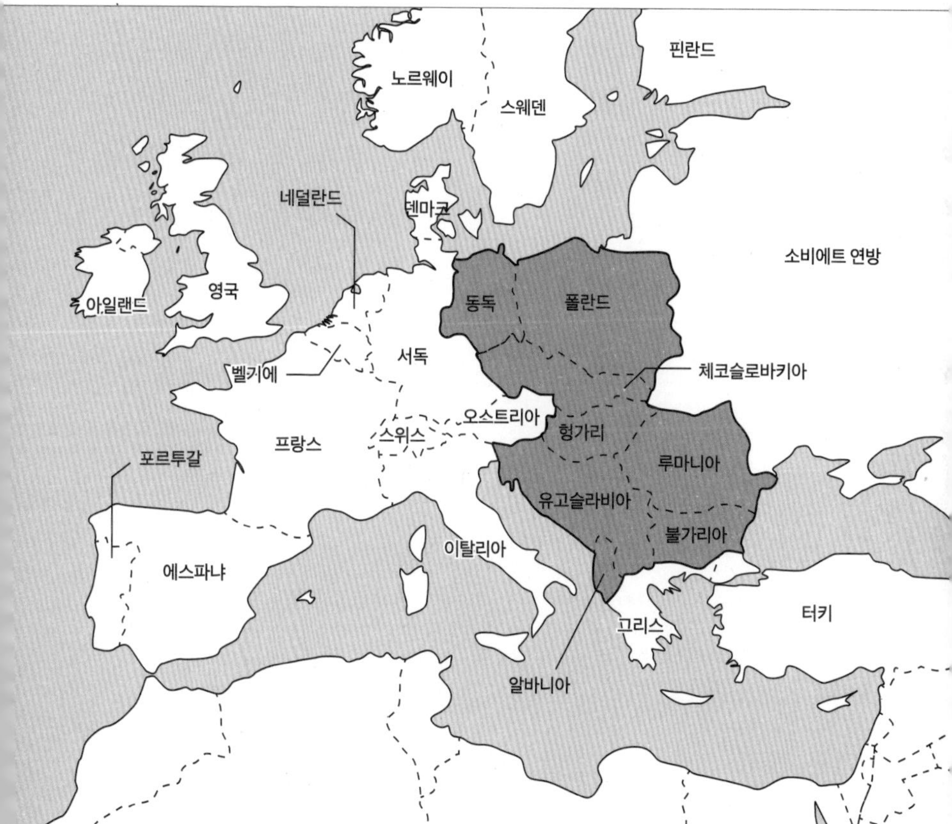

서유럽은 사회주의 진영에 대항하기 위해 1952년 유럽 석탄 철강 공동체(ECSC)를 형성했다. 가맹국은 프랑스, 서독, 이탈리아, 벨기에, 네덜란드, 룩셈부르크였다. ECSC는 오늘날 EU의 전신이다. 독일과 프랑스는 중세 이후 이따금 전쟁을 벌였으며 이들이 사이좋게 지내는 한 서유럽에 전쟁은 일어나지 않았다. 이 두 나라가 ECSC에 가입한 이유는 동유럽 사회주의 국가의 위협이 생각보다 강했고 그대로 두면 동유럽에 당할지 모른다는 공포감이 깔려 있었기 때문이다. 이들의 두려움은 앙숙이던 독일(서독)과 프랑스를 같은 공동체로 끌어들일 정도로 강력했다.

게다가 전쟁이 끝나고 얼마 지나지 않은 시점에서 동유럽 사회주의 국가는 서유럽보다 경제 성장률이 높았다. 동유럽 국가는 제2차 세계 대전이 끝났을 무렵에는 대부분 농업 국가였다가 공업국으로 변신했다. 그래서 생산재 생산에 힘을 쏟았다. 마르크스 경제학은 19세기 후반 영국 경제를 바탕으로 만들어진 경제학 이론으로, 이 시대에는 철강업이 발전했다. 그래서 마르크스 경제학은 생산재를 중시하고 소비재는 경시하는 경향이 있었다.

동유럽 국가는 5개년 계획에 따라 무엇을 어느 정도 생산할지 결정했다. 이 결정을 내리는 기관은 중앙 정부였고 고도의 중앙 집

마르크스 경제학

카를 마르크스(1818~1883)가 주장한 이론을 토대로 한 경제학. 상품 가격은 생산에 투입된 노동량으로 측정해야 한다는 노동가치설을 주장했다.

권 국가가 탄생했다. 그러나 당연히 국가는 만능이 아니었기에 상품 유통 과정 검토를 소홀히 했다. 그래서 소비자에게 필요한 소비재가 제대로 전달되지 않았다.

1950~1960년대에 동유럽 국가의 경제 성장률은 평균 7퍼센트로 서유럽 국가의 4.6퍼센트를 크게 웃돌았다. 일인당 생산량 증가는 서유럽 국가가 4퍼센트였던 데 비해 동유럽 국가는 5.7퍼센트였다. 이 시대 동유럽의 경제 성장률은 중공업을 기반으로 했고 소비재 공급은 경시되었다.

쇠퇴하는 사회주의 경제

동유럽 국가의 경제 성장률은 1973년에 7.3퍼센트로 정점을 찍은 후 쭉 하강 곡선을 그렸다. 1980년대 후반이 되면 세계 경제 성장률보다 낮은 경우가 많았다. 주요 원인은 1973년 제1차 석유 파동과 1978~1979년 일어난 제2차 석유 파동이었다.

유럽공동체(EC)는 1975년까지 에너지의 약 60퍼센트를 제3세계에서 수입했다. 반면 소련, 루마니아, 폴란드는 석유 수출국이었기에 동유럽 국가가 경제 성장률을 높일 가능성이 있었다. 문제는

제2차 석유 파동

1978~1979년 이란 혁명으로 촉발되었다. 석유 가격이 약 두 배로 급등했다.

채굴 비용이었다. 가령 시베리아에는 대량의 석탄 자원이 매장되어 있지만 채굴 비용과 수송 비용이 너무 많이 들어 경제적으로 수지가 맞지 않는다.

동유럽 국가에는 자원 절감 개념이 없었다. 마르크스 경제학은 일단 많이 생산하면 그만이라는 이념이었기에 생산성이라는 개념은 희박했다.

동유럽 국가는 빚을 내 서유럽에서 최신식 기계를 도입하고 수출 주도형 경제 성장으로 전환하려고 노력했다. 그러나 동유럽은 기계를 효율적으로 운용할 기술자가 없다는 치명적인 약점을 간과했다. GNP 1단위 당 에너지 소비량은 동유럽이 서유럽의 두 배에 달했다. 서유럽은 자원 절감형 경제로 이행하기 시작했으나 동유럽은 실패했다. 애초에 '자원 절감'이라는 개념 자체가 마르크스 경제학에서 찾아보기 힘든 개념이기 때문이다.

1985년 소련에서 고르바초프가 공산당 서기장으로 취임하자마자 곧바로 경제 개혁에 착수했다. 고르바초프는 1987년, 개인 기업 해금, 기업 자치, 외국과의 합병 사업 등을 허가했다. 그리고 중앙 계획 경제에서 시장 경제로 이행을 서둘렀다.

그러나 물자 부족과 인프라, 재정 적자와 대외 채무가 증가했다. 소련 경제는 혼란에 빠졌고 소련이라는 나라의 살림살이는 나날이 쪼들렸다. 고르바초프는 1990년에 공산당 서기장 직을 유지한 채 대통령으로 취임했고 같은 해 8월에는 공산당 일당 독재 체제가 종말을 고했다. 1991년 12월 러시아 연방 공화국을 중심으로 소련의 열한 개 공화국이 독립국가 연합인 CIS를 결성하며 소련이라는 나라는 지구상에서 사라졌다.

이제 동유럽 사회주의 경제는 몰락했다. 1922년에 태어난 소련은 예순아홉 살에 세상을 떠났다.

사회주의 붕괴 이후의 세계

동유럽 국가가 자본주의로 이행하고 몽골은 1990년에 사회주의를 포기했다. 이제 사회주의 경제는 중국, 베트남, 북한만 남았다. 그러나 중국과 베트남은 자본주의 경제 요소를 상당히 강화했고 북한은 독재 국가 체제를 고수했다. 경제 체제로서 사회주의는 설 자리를 잃고 몰락했다.

동유럽의 사회주의는 생산재를 중시하고 소비재를 경시하는 경향이 강했기에 생활 수준이 그다지 높지 않았고 팍팍한 생활에 지친 국민의 불안이 쌓이며 붕괴를 부채질했다. 계획 경제에서는 일

사회주의 경제는 어느 정도로 중요한 현상이었나?

사회주의는 1917년에 탄생해 1991년에 사망한 경제 체제다. 제2차 세계 대전 후 동유럽 사회주의 경제가 서유럽 자본주의 경제보다 성장률이 높고 사회주의의 미래를 장밋빛으로 전망하는 시기도 있었다. 그러나 사회주의 진영의 달콤한 꿈은 오래가지 못했다. 자본주의는 자본주의 국가만으로도 성립했지만 사회주의는 자본주의 국가와의 협력 관계가 어느 정도 필요했다. 이 부분에서 사실 사회주의란 자본주의 국가 없이는 기능하지 못하는 경제 체제라는 주장이 설득력을 얻는다.

단 생산량을 정하면 정부는 수요가 있는 상품이라도 추가로 생산하지 않았다. 그러면 상품 품귀 현상이 일어나고 사람들은 필요한 상품을 사기 위해 상점 앞에 진을 치고 길게 늘어서야 했다.

때로 사회주의 경제에서는 시장 논리가 작용하지 않아서 실패했다는 주장도 있다. 그러나 시장 논리를 따르더라도 소비자가 필요로 하는 상품을 필요한 양만큼 생산하고 소비자에게 전해줄 수 없는 현상이 발생한다. 상품은 생산하고 나서야 비로소 소비자가 정말로 그 상품을 원하는지 아닌지 알 수 있기 때문에 미리 자신이 원하는 상품이 얼마나 있는지를 알 길이 없다. 그래서 시장 만능주의는 옳지 않다.

동유럽에 대항하고자 서유럽은 ECSC를 구축했고, 이 기구는 이윽고 유럽 연합(EU)으로 발전했다. 이처럼 몇몇 국가가 연합해 경제 및 정치 정책을 실행하려는 움직임이 증가했다. EU 이외에 라틴 아메리카 경제 기구(SELA)가 1976년에 발족했고 북미 자유 무역 협정(NAFTA)은 1994년에 발효되었다. 라틴 아메리카·카리브해 국가 공동체(CELAC)가 2011년에 완성되었고 동남아시아 국가 연합은 2015년 말에 ASEAN 경제 공동체를 결성했다.

국가 간의 연합이나 공동체 결성은 세계화의 확대로 경제적 경

동남아시아 국가 연합(Association of South East Asian Nations, ASEAN)
2018년 기준으로 가맹국은 인도네시아, 싱가포르, 태국, 필리핀, 말레이시아, 브루나이, 베트남, 미얀마, 라오스, 캄보디아로 총 10개국이다.

쟁이 격화되고 일국 단위로는 효과적인 정책을 추진하지 못해 몇 개 국가가 연합해서 힘을 합쳐야 할 필요가 있었기 때문에 나타난 현상이다. 이 논리는 기업에도 적용할 수 있다. 항공 우주 기기 개발 제조 회사인 에어버스는 프랑스, 독일, 영국, 에스파냐라는 4개국이 출자해 세운 회사다. 몇 개 회사가 국경을 초월해 공동으로 사업을 벌이는 경우가 점점 많아지고 있다. 이러한 현상은 투자 비용이 천문학적으로 증가해 하나의 기업이 모든 투자를 감당하기 힘든 상황이 늘어난 데서 비롯되었다.

아시아가 부상하며 더욱 치열한 경제 경쟁이 벌어지고 있다. 19세기의 경제 경쟁이 유럽과 미국 사이의 경쟁이었다면 오늘날의 세계 경제는 세계 각지를 둘러싼 경쟁에 직면해 있다.

17

전후 아시아의 재부흥에서 중국의 일대일로(一帶一路)까지

아시아의 재부흥

오늘날 아시아 경제의 부상은 당연한 이야기로 여겨지고 있다. 그러나 아주 최근까지 아시아의 경제 성장을 믿는 사람은 거의 없었다.

역사적으로 보면 유럽에 비해 아시아의 경제력이 세다가 근세에 역전되고 현재는 아시아가 눈부신 경제 성장을 이루었다. 이렇게 보면 아시아의 '부흥'이 아니라 '재부흥'이라는 표현이 옳다.

다만 아시아의 재부흥은 미국이나 유럽이 만든 구조를 이용했고 독자적인 구조를 형성하지 못했다는 점에 주의해야 한다. 남들이 벌인 판에 뛰어들어 영리하게 일구어낸 성공이라는 점을 전제로 하고 어떻게 아시아가 다시 일어설 수 있었는지를 묻는 것이 중요하다. 여기서는 우선 왜 아시아가 유럽과 미국에 종속되었는지를 생각해볼 필요가 있다.

지배=종속 관계

애초에 지배=종속 관계는 국제 분업 체제를 전제로 한다. 아시아 국가가 유럽의 식민지가 되어 1차 상품을 본국에 공급하고 본국은 공업 제품을 만들어 식민지에 보내 식민지를 완성품 시장으로 삼는 체제를 일컫는다.

식민지는 본국을 위해 공업화되지 않는다. 식민지는 유럽에 1차 상품을 수출할 뿐이다. 식민지는 공업국에 줄곧 1차 상품을 수출해야 했다. 지배=종속 관계는 유럽 선박, 특히 영국 선박의 운송으로 성립했음을 다시 한번 상기할 필요가 있다.

19세기 이전 범선이 바다를 누비던 시대에 유럽 선박이 아시아로 항해하려면 몇 개나 되는 항구를 거쳐야 했고 항해 일수도 무척 길었다. 유럽과 아시아 사이를 왕복하는 데 일 년 가까이 걸리는 경우도 결코 드물지 않았던 것이다. 이러한 상황에서는 지배=종속 관계가 발생하지 않는다. 1차 상품이 공업국에 도달하기까지의 시간이 너무 길어 여러 나라와 지역이 공업국과 1차 상품 수출국 사이에 끼어들면서 공업국과 1차 상품 수출국의 연결 고리가 약해

지기 때문이다.

그러나 증기선이 바다를 누비는 시대가 되어 아시아와 유럽이 직접 연결되자 유럽인이 아시아와의 무역에서 압도적 우위를 점했다. 아시아의 1차 상품은 유럽 선박에 실려 유럽으로 운송되었고 그곳에서 완성품으로 가공되어 유럽 선박에 실려 다시 아시아로 옮겨졌다. 이 과정에 아시아가 개입할 여지는 거의 없었다.

유럽 선박 중에서는 영국 선박이 가장 많았다. 또 전신의 발달로 영국의 수도 런던에서 국제 무역 결제가 이루어졌다. 아시아는 1차 상품을 수출하고 유럽에서 만든 공업 제품을 수입하며 수출입 면에서는 유럽에, 무역 결제 면에서는 런던에 종속되었다.

만일 유럽인이 유럽 선박이 아닌 아시아 선박으로 1차 상품을 수입했다면 역사는 어떻게 달라졌을까? 아시아가 유럽의 유통망을 휘어잡고 유럽 각국은 공업 제품을 수출하는 수출기지로 전락했을 공산이 크다. 그러면 유럽은 아시아에 종속되었을 것이다. 이 점에서 생각해도 공업 제품 생산뿐 아니라 물류 지배=종속 관계가 성립한다는 사실을 이해할 수 있다.

일본은 아시아에서 유일하게 20세기 초에 공업국으로 발돋움했고 자국 선박으로 상품을 운송하는 데 성공한 국가였다. 과거의 역사적 사실로 미루어 보아 아시아 각국이 한 단계 더 경제적으로 발전하려면 공업뿐 아니라 물류를 정비해야 한다. 물류 정비가 중요한 열쇠를 쥐고 있다는 주장에 귀를 기울여야 할 것이다.

유럽의 공업화와 식민지

유럽은 아시아 국가를 차례차례 집어삼켜 유럽의 식민지로 만들었다. 유럽은 식민지를 정치적으로 지배했다. 따라서 유럽 각국과 1차 상품 수출국 사이에는 정치적 관계가 상당히 강하게 작용했다. 1차 상품 수출국은 단순히 경제적 이유만으로 수출 대상국을 선택하지 않는다. 수출 대상국을 정하는 데는 정치적 힘이 작용했다.

제2차 세계 대전이 끝나고 유럽과 미국의 식민지였던 나라들이 하나둘 독립했다. 주권을 되찾았더라도 이전 종주국과의 관계는 여전히 강했지만 식민지 시절과 비교했을 때 이들 새로운 독립 국가는 훨씬 자유롭게 많은 나라와 거래할 수 있게 되었다. 또 저임금 노동력이 풍부해 세계의 공장으로서 시대에 맞는 옷으로 갈아입고 변신했다.

사실 앞선 19세기 단계에서 미국과 유럽의 열강이 식민지에 투자해 공업화를 시도했더라도 그리 이상할 것은 없었다. 그렇지만 열강이 식민지 공업화에 소극적이었던 데는 열강 자체가 아직 공업화를 완전히 이루지 못해 자국 공장 건설을 더 우선했기 때문이라는 이유를 들 수 있다. 또 열강은 식민지 공업화 자체를 고려하

종주국

종속국에 종주권을 행사하는 국가. 식민지에서는 본국이 종주국에 해당한다.

지 않았다. 서구인에게 식민지는 어디까지나 1차 상품 수출국이어야 했다. 열강은 정치적 의도에서 식민지 공업화에 소극적인 태도를 보인 것이다.

마찬가지 이유에서 열강은 식민지 인프라스트럭처에 거의 투자하지 않았다. 인도에서는 어디까지나 영국을 위해 철도가 부설되었지만 동남아시아에서는 적극적으로 철도를 개통하지 않았다. 본래 동남아시아 정부가 나서서 인프라를 정비해야 마땅하나 국가가 가난했고 공업화가 너무 급격하게 진행되어 교통 인프라를 정비할 시간이 부족했다. 동남아시아의 대도시는 지금도 출퇴근 시간이면 도로는 물론 인도에까지 오토바이가 올라와 아수라장이 펼쳐진다. 동남아시아가 발전하려면 이러한 인프라 부족 문제가 시급한 해결 과제로 보인다.

떠오르는 아시아

중국은 공산당과 국민당 내전에 이어 문화대혁명을 겪으며 좀처럼 경제 발전을 이루지 못했고 동남아시아는 나라에 따라 약간

문화대혁명

중화인민공화국에서 마오쩌둥의 주도로 1966년부터 1976년까지 이어진 사회적 소란. 프롤레타리아 문화대혁명이라 불린다. 이 혁명으로 2,000만 명의 희생자가 나왔다고 한다.

씩 차이는 있지만 대체로 극심한 정치적 혼란이 이어졌다. 아시아 경제는 1990년대에 들어서고 나서야 비로소 성장 궤도에 올라섰다.

그림 17-1은 각국의 실질 GDP 성장률을 비교한 그래프다. 표를 보면 알 수 있듯 중국, 인도 그리고 ASEAN이 높은 경제 성장률을 기록했다. 중국의 GDP는 정부 통계를 그대로 믿을 수 없다고는 하나 현실 세계에서 최고 수준의 경제 성장률을 달성했다는 사실에 이견을 제기하는 사람은 없다. 다만 인도의 경제 성장률이 2015년

그림17-1 **실질 GDP 성장률**(2006~2015년)

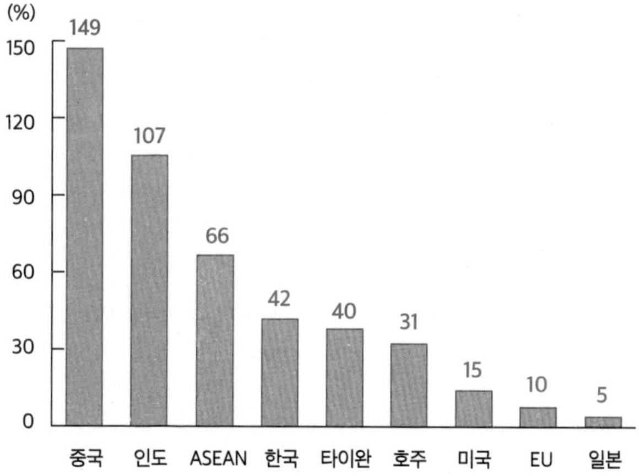

출처 : https://asiamattersforamerica.org/asean

에 8.01퍼센트, 2016년에 7.11퍼센트인데 비해 중국은 각각 6.90퍼센트와 6.70퍼센트로 약간 낮다.

또 그림 17-2를 보면 알 수 있듯 중국의 GDP가 아시아 국가 중에서 압도적으로 높다. 그러나 일인당 GDP는 2017년 기준으로 74위(8,643달러)로 그다지 높지 않다. 그러나 국가 단위로 보면 중국 GDP는 현재 세계 2위를 달리고 있다. 어쨌든 중국은 과거에 세계에서 가장 부유한 국가였다. 따라서 중국이 다시 과거의 영광을 회복해가는 현상은 그리 이상하지 않다.

중국 정부의 재도약을 위한 정책으로 '일대일로(一帶一路)'가 있다.

중국의 '일대일로'

2013년에 시진핑 국가 주석이 '실크로드 경제 벨트'와 '21세기 해상 실크로드'를 포함한 '일대일로' 구상을 정식으로 검토했다는 점만으로도 일대일로가 유라시아 대륙 전체를 포괄하는 물류 시스템 재구축 정책이라는 사실이 확실해 보인다. 이 정책이 성공하면 유라시아 세계의 물류가 육로와 해로에서 중국을 중심으로 통합된다.

일대일로는 중국 서부-중앙아시아-유럽을 잇는 '실크로드 경제 벨트(일대)'와 중국 연안부-동남아시아-인도-아프리카-중동-유럽을 연결하는 '21세기 해상 실크로드(일로)'로 이루어진다.

그림 17-2 **아시아 GDP 비교(2015년)**

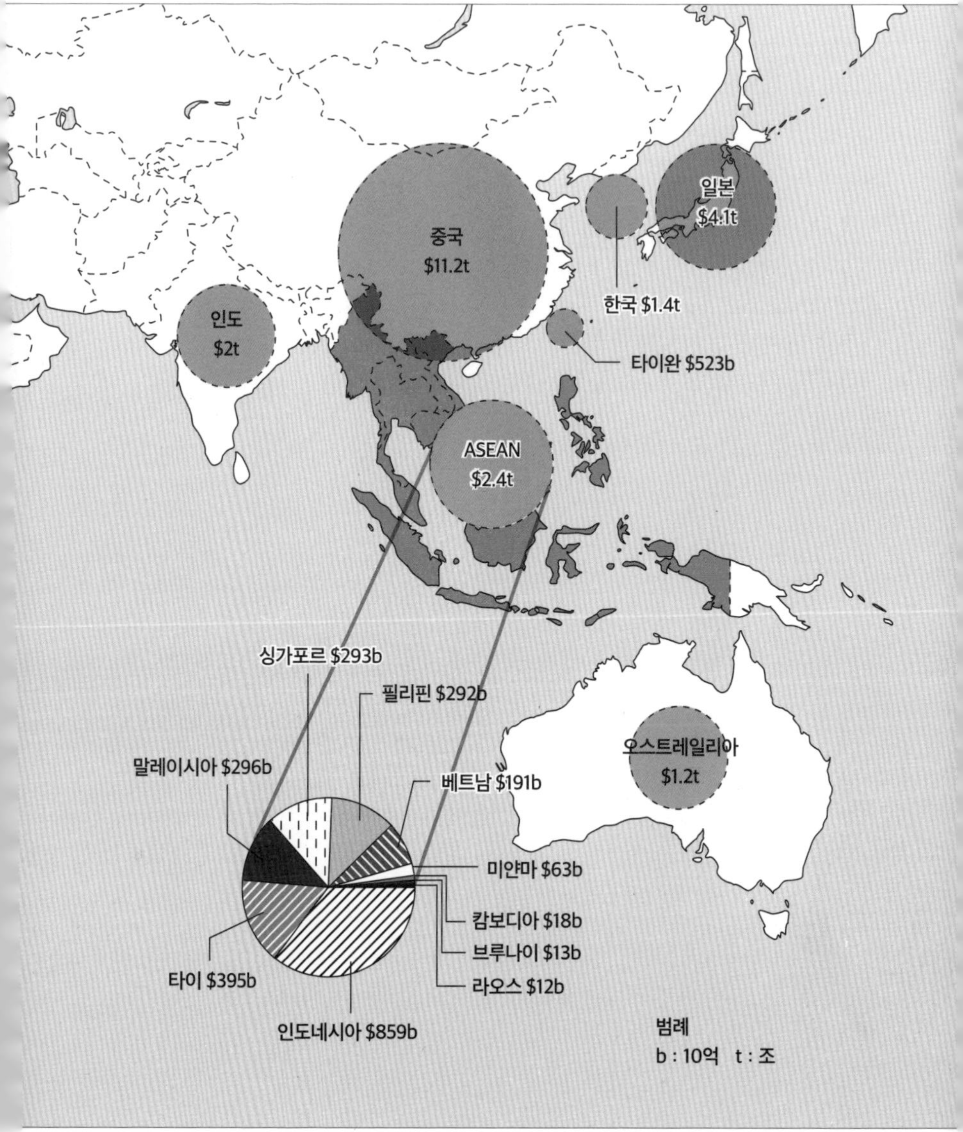

그림 17-3 **일대일로 루트**

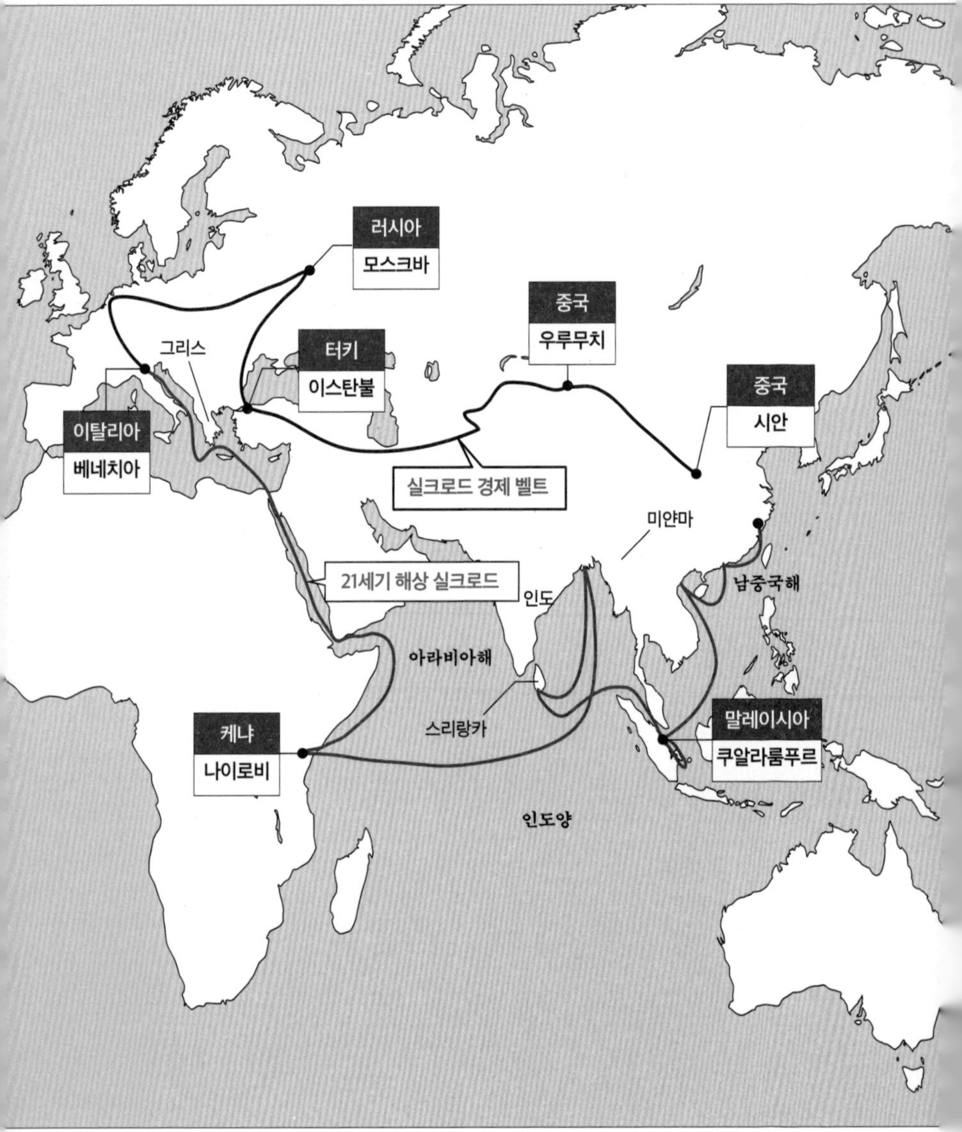

2015년 12월에는 아시아 인프라 건설 및 '일대일로'에 필요한 투자금 확보를 위해 아시아 인프라 투자 은행(AIIB)을 창설했다.

사실 바닷길은 정화가 원정에 나섰던 경로이고 육로는 몇몇 부분에서 아르메니아 상인이 오간 경로와 겹친다. 이를 두고 '새로운 실크로드'라고 지칭하는데 '실크로드'라는 표현은 적절하지 않다.

실크로드란 상인이 자발적으로 형성한 교통로로 국가는 그다지 관여하지 않았다. 육로든 해로든 마찬가지다. 육로는 절대적으로 유통량이 많지 않았다. 그런데 과거 소량의 상품만 오가던 육로를 이용해 막대한 양의 상품을 운송하겠다는 계획이다. 게다가 이번에는 중국이라는 국가가 적극적으로 개입한다. 이렇게 되면 본래의 '실크로드'와는 의미가 달라진다.

중국 정부는 국가가 적극적으로 물류에 개입하겠다는 의사를 내비쳤다.

중국 경제와 일대일로

2017년 12월 기준으로 총 84개국이 AIIB에 가맹했다. 유라시아 대륙은 정말로 단일한 경제권이 되고 대서양 경제에 맞먹거나 혹

아시아 인프라 투자 은행(The Asian Infrastructure Investment Bank, AIIB)
중화인민공화국이 2013년 제창한 은행. 아시아를 위한 국제 개발 금융기관.

표17-1 **AIIB 가맹국**(2015년)

아시아·태평양 지역		기타 지역	
중화인민공화국	파키스탄	영국	몰타
몽골	타지키스탄	프랑스	아이슬란드
필리핀	우즈베키스탄	독일	폴란드
베트남	카자흐스탄	이탈리아	스웨덴
라오스	키르기스	룩셈부르크	아제르바이잔
캄보디아	오만	스위스	남아프리카
타이	카타르	오스트리아	
미얀마	쿠웨이트	러시아	
말레이시아	아랍 에미리트	브라질	
싱가포르	사우디아라비아	네덜란드	
부르나이	이스라엘	조지아	
인도네시아	이란	덴마크	
방글라데시	터키	이집트	
인도네시아	요르단	포르투갈	
네팔	뉴질랜드	에스파냐	
스리랑카	한국	핀란드	
몰디브	오스트레일리아	노르웨이	

은 추월하는 경제권을 구축할 수 있을까?

일대일로 정책은 ① 에너지, ② 안전, ③ 시장이라는 세 가지 요소로 분류했다. 관련된 다수의 운송로와 항만 설비로 무역을 촉진하고 안전을 개선해 시장을 확대한다는 전략이다. 이는 중국 정부가 전통적으로 추진한 조공 무역 체계와는 전혀 다른 시스템이다. 과거 중국은 해운업을 중시하지 않고 상품을 조공국의 선박으로 운송하다 보니 중국의 발목을 잡는 약점이 된 것이다.

'일대일로'는 중국 지도부의 인식이 어느 정도까지인지는 논외로 치더라도 중국의 전통적 유통 시스템에서 탈피했음을 의미한다. 물류를 중시한다는 점에서도 낡은 시스템에서 벗어나려는 시도로 보인다.

패권 국가의 시스템과 중국

패권 국가란 '무엇이 옳은가?', 다시 말해 '누가 정의인가?'를 결정할 수 있는 국가를 말한다. 과거 영국이 그랬듯이 '자동'으로 수수료 수입으로 이익을 벌어들일 수 있다. 가만히 앉아 있어도 '자동'으로 수익이 들어오는 시스템은 패권 국가의 중요한 특징이다. 패권 국가란 세계 경제를 이끄는 국가다. 세계 여러 나라는 적어도 국제적으로 거래하려고 하면 패권 국가가 구축한 시스템을 사용해야 한다. 세계 각국이 자진해서든 다른 선택지가 없어서든 어쨌든 그 시스템을 이용하고 수수료를 낸다.

'일대일로'로 중국은 패권 국가로 거듭날 수 있을까? 중국의 위안화는 지역적 통화로는 통용될지언정 아직 세계 통화 역할은 하지 못하고 있다. IMF의 특별 인출권에서 차지하는 위안화 비율은 여전히 낮다(2016년 10월 1일 기준으로 미국 달러가 41.73퍼센트, 유로화가 30.93퍼센트, 위안화가 10.92퍼센트, 엔화가 8.33퍼센트, 파운드화가 8.09퍼센트).

중국은 현재 중진국으로 경제적으로는 '중진국의 함정'이라 부르는 경제 성장률 정체기에 빠져 있다. 본래 중국은 저임금으로 세계의 공장 역할을 자처했으나 중국이 가진 값싼 노동력이라는 우위성이 현재 점점 사라지고 있다. 공장은 ASEAN과 인도, 방글라데시처럼 임금이 더 낮은 나라로 이동하고 있다. 중국은 '일대일로'로 이러한 상황을 타개하려 하는 것이다.

중국 정부는 현재 막대한 자금을 기술 혁신에 쏟아붓고 있는데 선진국으로 가겠다는 목표라면 당연한 선택이다. 원래 중국은 '일대일로'로 기술 혁신을 촉진했어야 했지만 기술 혁신보다 물류 시스템 전환에 관심을 보이는 현실이 다소 기묘하게 느껴진다. 중국은 '일대일로' 관련국과 특혜무역 협정(PTA)를 체결하고 있다.

중국 경제가 앞으로도 꾸준히 성장하려면 어마어마한 양의 자원을 수입해야 한다. 그래서 중국-카자흐스탄 송유관과 중앙아시아-중국 천연가스 파이프라인을 계획하고 있다. 중국은 에너지

중진국의 함정

경제 수준이 중진국에 들어서면 경제가 좀처럼 성장하지 못하고 선진국으로 올라서지 못하는 상태를 가리킨다. 소득 수준이 상승하고 후발주자인 신흥국이 추격하기 때문에 나타나는 현상이다.

자원을 엄청나게 소비하는 국가로 '일대일로'로 중요한 에너지 자원이 더 빠르게 고갈될지 모른다는 우려를 낳고 있다.

'일대일로'의 의미

중국 경제가 현재 직면한 문제로는 내륙부와 연안부의 임금 격차와 공해 문제를 들 수 있다. 본래 '일대일로'로 두 문제 해결을 목표로 했어야 옳지만 중국 정부의 현재 모습으로는 문제를 해결할 의사가 없어 보인다. 당면한 문제를 해결하려는 의지를 보이지 않는다는 부분이야말로 '일대일로'의 중요한 결점이다.

『21세기 자본』의 저자 토마 피케티도 "자본주의 사회에서 처음에는 소득이 불평등하더라도 언제가 그 격차가 해소된다"는 사이먼 쿠즈네츠의 주장을 부정했다. 오히려 전 세계에서 격차가 확대되고 있다는 견해가 다수파를 점하고 있는 현실이다.

우선 자본주의 사회에서 쿠즈네츠 곡선(Kuznets curve) 이론이 어떻게 설득력을 얻었는지를 구체적으로 검토할 필요가 있다. 단순히 말하면 중산층의 확대다. 중산층은 소비재, 특히 내구재 소비를 주도하는 견인차 역할을 했다.

1920년대 미국에서는 자동차와 다리미, 세탁기, 냉장고, 라디오 등의 가전제품이 보급되었다. 1950~1960년대 일본 고도 경제 성장기에는 흑백텔레비전, 세탁기, 냉장고가 가정의 삼대 필수품으로 자리 잡았고 그 자리를 차츰 컬러텔레비전, 에어컨, 자동차라는 내구성 소비재가 차지해 일본인의 생활 수준 향상에 이바지했다. 형편이 비교적 넉넉한 사람들이 늘어나면 그 국가는 사회적으로 안정된다. 중진국에서 선진국 대열에 들어서려면 중산층이 늘어나 소비재를 사들여야 한다. 쿠즈네츠 곡선은 이런 현실에서 성립되었다.

전 세계 선진국에서 소득 격차가 점점 더 벌어지고 있다. 지금은 대다수 사람이 내구성 소비재를 갖추고 있고 생활을 풍요롭게 하는('풍요'롭더라도 '편리'하지는 않다는 게 핵심이다. 휴대전화는 생활을 편리하게 만들었지만 풍요롭게 만들지는 못했다) 상품이 사라지고 있다는 게 한 요인으로 지적된다.

즉 중진국인 중국은 '일대일로'로 농촌의 빈곤층이 살 수 있는 소비재 생산을 도모하고 소득 격차를 수정해 중산층을 양성하고 안정된 사회를 만들겠다는 목표를 내세우고 있다. 그러나 중국이 추진하는 정책과 목표가 엇박자를 내는 것처럼 보인다.

중국은 현재 세계 최대 공해 문제로 골머리를 앓는 국가다. 대

세계 경제는 계속 성장할까?

인구 대국인 중국과 인도가 버티고 있는 이상 세계 경제의 중심은 아시아로 옮겨지는 게 당연하다. 그러나 이대로 아시아 경제가 계속 성장한다는 관점은 지나치게 낙관적이다. 인구가 많으면 그만큼 부담이 가중되고 환경에 전혀 부담을 주지 않는 경제 시스템 구축이 시급해진다. 그러나 앞으로 경제 성장이 계속된다는 주장도, 그 주장을 부정하는 주장도 기존 경제학의 틀에서 벗어나지 못하고 있다. 지금 우리에게는 전혀 다른 패러다임의 경제학이 필요해 보인다.

기 오염은 한층 심각하고 토양 오염도 만만치 않은 수준이다. '일대일로'는 오염을 유라시아 전체로 확산시킬 가능성이 있는 정책이지만 중국 정부도 AIIB에 투자하려는 나라들도 이 문제에 대한 의식이 없어 보인다. 환경 오염 문제를 간과하고 있다는 점이 일대일로 정책의 문제점으로 지적된다.

또 패권 국가란 경제 활동이 활발해지며 '자동'으로 이익을 획득할 수 있는 나라를 일컫는다. '일대일로'는 아무리 뜯어봐도 이익을 창출하는 시스템 구축을 목적으로 한 정책으로 보이지 않는다. 그러므로 '일대일로' 정책으로는 중국이 전 세계 주도권을 거머쥐지 못하리라는 결론이 도출된다.

찾아보기

ㄷ

ㄹ

ㅁ

ㅂ

ㅅ

ㅇ

ㅊ

ㅋ

ㅌ

ㅍ

ㅎ

사진 크레딧
004 beibaoke / Shutterstock.com | 006 Everett Historical / Shutterstock.com
069 Bule Sky Studio / Shutterstock.com | 121 BTWImages / Shutterstock.com

아시아가 세계를 제패하는 시대는 다시 오는가?

1판 1쇄 발행 2022년 5월 31일

지은이 다마키 도시아키
옮긴이 서수지
펴낸이 이재두
펴낸곳 사람과나무사이
등록번호 2014년 9월 23일(제2014-000177호)
주소 경기도 고양시 일산서구 강선로 142, 1701동 302호
전화 (031)815-7176 **팩스** (031)601-6181
이메일 jaedoori@hanmail.net
디자인 박대성

ISBN 979-11-88635-64-1 03900